멀리서 온 약속

완도대우병원의 어제와 오늘
그리고 내일

멀리서 온 약속

대우재단 지음

북스코프

차례

프롤로그 내 이름은 노화 7

1부

섬, 그 섬 이야기

- 희망은 첫발을 내디디며 16
- 섬은 왜 섬이었을까 21
- 첫발의 용기, 겨울을 지나는 온기 26
- 섬섬옥수처럼 고운 별빛이 깃들 때 39

2부

봄날이 오다

- 새싹 나듯 피어오르다 60
- 사람, 사람, 섬 73
- 섬의 마음들 84
- 곁에서, 옆에서 건네는 마음 107

3부

다정함의 바다 가운데

- 문을 열다, 열매를 맺다　122
- 병원의 색깔은 섬색　134

4부

외따로이 두지 않는 마음

- 누구도 원하지 않은 일　154
- 외딴 시간은 여전히 흐른다　171
- 섬으로부터 섬에게로　195

에필로그　시간의 지층 그 아래　209

부록
- 대우재단 낙도오지 의료사업의 역사 ○ 김우중 의료인상 역대 수상자
- 이 책을 만드는 데 도움을 주신 분들　215

일러두기

- 이 책은 1978년부터 외딴 섬과 오지에 2차 병원을 세운 기업가, 소외된 이웃을 향한 참된 의료인들, 지역사회를 손수 가꾼 주민들의 이야기를 기록으로 남기고자 기획되었습니다. 이야기는 2024년 8월부터 12월까지 진행된 인터뷰를 골자로 삼았으며, 그 밖에 대우재단 사료를 활용해 재구성했습니다.
- 이 책의 판매 수익금은 완도군 노화도에서 주민들과 함께 만들어가는 마음치유센터(가칭) 및 섬 미술관(가칭) 조성 기금으로 활용됩니다.
- 이 책에 등장하는 인명은 모두 가명입니다.

프롤로그

내 이름은 노화

외롭다는 감정은 어쩌면 지극히 사치스러운 것일 수도 있다. 사랑 안에서 보호받으며 무리에 둘러싸여 있어본 존재만이 오롯이 홀로 남겨졌을 때의 외로움을 안다. 즉, 외로움을 안다는 것은 외롭지 않은 상황을 겪어보았다는 것이기에 내게는 그 감정조차 부러운 것이었다. 외롭지 않았던 적이 한순간도 없었기에.

내 이름은 노화. 갯벌에 갈대꽃이 피면 장관을 이룬다고 노화蘆花라 불린, 남쪽 바다 끝의 작은 섬이다.

누군가가 내게 다가오려면 거친 물결을 건너야 했고 그나마도 풍랑에 휩쓸려 닿지 못한 날이 더 많았다. 멀리 어슴푸레 보이는 완도에서 바람결에 실린 누군가의 웃음소리가 들리면 종일 마음이 두근거렸다. 혹여 저 웃음이 내게 닿을까 하여 귀를 쫑긋거리고 파도를 자꾸 보내보기도 했다.

하지만 참, 마음 같지 않았다. 이곳까지 오는 사람은 없었고, 나는 꽤 긴 시간을 물결과 고독 속에 몸을 담근 채 유영했다. 내 몸을 채우는 8할은 갈대였고, 나머지 2할은 스치는 바람이었다. 온기가 무엇인지 잊었다. 외로움은 매해 지층으로 겹겹이 쌓여가며 산으로, 언덕으로 둥글게 뭉쳐져갔다.

간혹 고기 잡는 이들이 내 끝에 닿을 때도 있었다. 하지만 그들은 머무는 자가 아닌 스쳐 가는 자였다. 산을 헤집으며 먹거리를 찾아다니다 내게 온 자들도 있었다. 곧 떠나가기는 했지만, 그래도 사람들이 올 때면 괜히 두근거리고 설렜다.

한 번은 검은 갓을 쓴 선비 하나가 내 땅을 밟으며 이렇게 중얼거리는 소리를 들었다.

이 섬에 사는 건 끝없는 바다에 홀로 남은 것과 같겠구나.

그 말을 마지막으로 선비는 나를 떠났고, 혼잣말로 중얼거린 그 문장을 나는 오랜 시간 곱씹었다. 그리고 문장을 너무 되뇌어 단어 하나하나가 내 안에서 너덜거릴 즈음, 외로움도 잊고 그저 바다 위 한 점으로 막연하게 떠 있겠다고 마음먹었다.

그런데 많은 것을 내려놓았을 그 무렵, 한 떼의 사람들이 작은 쪽배를 타고 내게 와 닿았다. 곧 떠날 것처럼 보이지는 않았다. 각자 초라하지만 무겁고 소중한 짐을 이고 지고 있었고, 고단한 얼굴이었지만 눈빛은 빛났다. 사람들은 녹슬고 낡은 기구로 땅을 고르기 시작했다. 억새만이 가득했던 내 몸에 곡물이 자라기 시작했고, 빗방울 소리만이 울리던 땅에 아이들의 발걸음이 콩콩거리기 시작했다.

설레었고 신이 났다. 내 땅과 바다에서 사람들이 미역을 거두고, 전복을 따고, 농사를 짓는다는 것은 내가 그들에게 풍성하고 넉넉한 기댈 곳이 되는 기쁨이었다.

하지만 그 기쁨은 오래가지 않았다. 누군가는 뱀에 물려 온몸에 독이 퍼져가는 고통에 몸부림치다 세상을 떠났고, 어떤 이는 배가 빵빵하게 부풀어 오르는 생선을 먹고 고꾸라졌다. 농사를 짓다가 다치고, 바닷일을 하다가 생명을 잃는 일도 부지기수였다. 그때마다 나는 할 수 있는 것이 없었다. 사람들이 찾아와 터전을 꾸리면서 비로소 훈풍이 불지 않을까 기대했지만 기대는 늘 무너졌다.

해줄 수 있는 것이 없어서 안타까웠고 사람들이 아프게

무너져 내리는 게 마음 아팠던 어느 날, 키가 작고 바닷가 몽돌처럼 단단한 사내 하나가 섬을 찾았다. 그동안 보았던 사람들과는 다른 느낌의 사내는 섬을 찬찬히 둘러보았고, 바다 앞에 오래 서 있었으며, 바다 건너 먼 곳을 반짝이는 눈으로 바라봤다.

얼마 뒤, 내 땅에 묘한 일이 생기기 시작했다. 큰 배들이 섬으로 자재를 실어 나르고, 산과 바닷가에서 모래와 흙을 퍼 나르기 시작했다. 바다였던 곳이 점점 땅이 되었고 내 지경이 넓어지면서 더 많은 사람이 오가기 시작했고, 얼마 지나지 않아 아담하고 우직한 건물이 세워졌다. 그리고 그곳에 '병원'이라는 간판이 걸렸다.

미안한 말이지만 처음에는 뭐 하는 곳인지 몰라서 심술도 좀 부렸다. 내 땅에서 머물고 놀고 살던 사람들이 나보다 더 사랑하는 곳이 생긴 것이 살짝 질투도 났다. 그런데 시간이 지날수록 그곳이 고마워졌다. 내가 손쓸 수 없었던 사람들을 그곳이 살려내고 있었다.

가끔은 새벽녘에 불이 켜지며 산모의 신음과 함께 아이의 우렁찬 탄생 소리가 내 가슴을 웅장하게 하기도 했고, 때로는 긴급하게 육지에서 불러온 헬리콥터로 끊어져가는 생명을 되살려낸 적도 있었다. 주변 섬이 나를 부러워했고 그곳에 사는 사람들이 나를, 아니 병원을 찾아왔다.

나는 수만 년 만에 가장 활기찬 시절을 맞이했다.

한 척밖에 없던 목선이 하루 한 번 나를 찾던 시절을 지나, 이제 나는 병원이 없는 무의촌이 아닌 유의촌, 비로소 사람들이 제대로 살아갈 수 있는 곳이 되었다. 삶을 유지할 수 있게끔 하는 장소가 생기니 사람들은 깃들고 머물기 시작했다. 섬은 북적거렸고 밤에도 불을 밝히는 곳이 늘어났다.

그렇게 수십 년이 흘렀다. 익숙함이 길어져 감사함이 줄어들 즈음, 바람을 타고 소문 하나가 들려왔다. 병원이 문을 닫는다는 것이다. 근래에 발걸음이 뜸하기도 했지만 너무 당연하게 그곳에 계속 있을 줄 알았던지라 겁이 더럭 났다. 사람들이 나를 떠나 다시 외롭고 허전한 곳이 될까 봐 두려웠다. 외로움이라는 감정 안에 다시는 머물고 싶지 않았다.

나뿐 아니라 이곳에 사는 사람들도 같은 생각이었을 것이다. 누군가는 불안해했고, 누군가는 아쉬워했으며, 누군가는 몰아치는 감정을 뭉쳐 그저 화를 냈다. 의사들과 간호사들이 밀물처럼 밀려왔다가 썰물처럼 쓸려나갔고, 다시 건물은 텅 비어버렸다. 다시 이 섬에 긴 겨울이 시작되는가 싶었던 그때, 어디선가 따뜻한 바람이 한 줄기 불어왔다.

가슴이 다시 뛴다.

1부

―

섬, 그 섬 이야기

"진짜 온대요? 진짜 만들어진대요?"

섬에 뭔가 생긴다는 말을 들은 섬사람들이 자꾸 되물어보는 표정에는 설렘과 체념이 딱 반반 섞여 있었다. "그래 봐야 뭐…"라며 흐리는 말끝에 기대하지 않겠다는 서툰 방어기제마저 엿보였다.

섬사람들에게 육지는 동경이기도, 원망이기도 했다. '육지것들'이라는 퉁명스러운 말은 어쩌면 외로운 우리를 좀 봐달라는 칭얼거림이기도 했고, 같이 살아보자는 수줍은 손 내밀기였을 수도 있었다.

하지만 바빠서 혹은 무심해서, 아니면 생각이 거기까지 미치지 못해서 미처 돌아보지 못한 세월이 수십 수백 년 지나면서 내미는 손은 서운해졌고, 돌아보지 못한 마음은 잊혔다.

어쩌면 섬이 외로운 게 아니라 섬을 사이에 둔 사람들이 각자 외로워졌던 것이 아닐까.

희망은
첫발을 내디디며

내미는 손, 받는 손

"그래도 너무 외진 곳 아닙니까. 가려는 사람이 있을까요."

"다른 회사들 보니까 적당히 도시 근처… 언저리에 자리 잡는 거 같던데, 그게 다 이유가 있지 않을까요."

"그리고 병원만 지어도 지금 드는 비용이 만만찮은데 굳이 장학금까지…."

1977년 대한민국은 최초로 수출액 100억 달러를 돌파했다. 가난이라는 남루를 벗고 '하면 된다'는 자신감을 갖기 시작했다. 서울 한복판, 사방에 거미줄 같은 길이 뺑뺑

뚫려가고 높은 건물이 하루가 멀다 하고 늘어나던 시기였다. 눈 감았다 뜨면 새로운 세상이 열리는 것처럼 바쁘게 돌아가던, 어떻게든 잘 살아보겠다는 마음에 모두가 경주마처럼 달리던 시절이었다. 배려보다는 경쟁이, 돌아봄보다는 거침없는 성공이 더 절실하던 그때, 서울의 한 사무실에서는 그 모든 흐름을 한 번 더 넘어서려는 회의가 길게 이어지는 중이었다. 회의실에는 무거운 침묵이 내려앉았다. 창밖으로는 봄바람이 불고 있었지만 그 바람은 거기까지 미치지 못했다. 테이블 위에는 한국 의료의 현실을 담은 보고서가 펼쳐져 있었다. 경제 성장의 그림자에 가려진 이들의 삶이 숫자와 그래프로 정리되어 있었다.

그때 한편에서 조용하던 사람이 입을 열었다.

"그렇기 때문에 우리가 가야 합니다."

모두의 시선이 말을 꺼낸 이에게 향했다.

"다른 이들이 가지 않는 곳, 정말로 의료서비스가 필요하지만 소외된 곳에 우리가 손을 내밀어야 합니다. 파도 소리가 들리는 그곳에 희망의 빛을 켜는 것, 그것이야말로 진정한 의미의 나눔이 아닐까요?"

모두 수긍은 했지만 선뜻 동의하기는 어려운 듯했다. 현실적인 문제가 너무 뻔하게 보인 까닭이었다.

이후에도 회의는 몇 차례 이어졌지만 예상대로 순탄치

않았다. 현실적인 우려들이 쏟아졌다. 병원을 지을 수는 있지만 과연 의사들이 가려 할까? 너무 멀고 불편한 곳이라 가겠다는 의사가 없으면 어쩌나? 다른 기업들처럼 도시 근처에서 시작하는 게 더 현명하지 않을까?

그러나 이들이 꿈꾸는 기업의 모습은 달랐다. 그들 사이에서 자주 오갔던 말이 있었다.

기업이 진정한 의미를 갖기 위해서는 사회와 함께 봉사해야 한다.

이는 단순한 구호가 아닌 그들의 심장에서 우러나온 철학이었다. 그들의 사훈에는 '희생'이란 두 글자가 자리 잡고 있었다. 이러한 관점에서 보면 수익성이 보장되지 않는 낙도와 오지에 병원을 설립하기로 한 결정은 자연스러운 흐름이었다.

"뭐든 최고의 시설, 최고의 인원으로 갖추어야 합니다. 물심양면으로 아끼지 말아야 해요. 우리가 하는 일이라면 최고여야 합니다."

걱정으로 시작된 논의는 점점 구체화되기 시작했다. 이들이 꿈꾼 병원은 단순히 의료시설을 제공하는 것에서 그치지 않았다. 그들은 지역사회의 장기적인 발전과 자립을 위한 종합적인 계획을 세웠다. 의료서비스와 함께 교육지원 프로그램, 장학사업을 통해 육성한 섬 출신 인재들이 다시 섬으로 돌아와 지역사회에 기여할 수 있는 선순환 구조를 구상했다. 언젠가는 이 프로그램들을 그들이 직접 운영하고 발전시키면서 그들의 자산으로 만들고 자랑이 되도록 초기 단계에서부터 설계하고자 했다.

"병원만으로는 부족합니다. 섬사람들이 더 큰 세상으로 나가 교육받고 성공한 후, 그들의 고향으로 돌아와 뿌리를 내릴 수 있도록 해야 해요. 그게 진정한 자립입니다."

낙도오지 의료사업은 예상을 뛰어넘는 속도로 빠르게 진전되었다. 1979년 봄부터 1980년 봄까지 신안, 무주, 진도, 완도 지역에 네 개의 병원이 개원하여 본격적인 의료서비스가 시작되었다. 산기슭 한가운데와 파도 소리가 들리는 외딴 곳에 세워진 이 병원들은 단순한 건물이 아니라 지역사회의 **희망**이 되었다. 이렇게 해서 마침내 낙도오지 의료사업이 첫발을 내디뎠다. 그리고 낙도와 오지에 병원을 짓겠다고 나섰던 그 회사는 1978년 대한민국 기업 중 수출 1위에 올라섰다.

낙도오지 의료사업에서는 지역적인 특성으로 인해 인력을 확보하기가 어려웠다. 그렇게 합류한 의사가 질적으로도 우수해야만 했다. 대도시 종합병원의 의사들은 타과의 도움을 받을 수도 있고 서로 연계할 수도 있지만, 이곳의 의사는 오늘은 외과의였다가 내일은 내과의가 되어야 할 수도 있었다. 따라서 전천후로 유능한 사람들이 필요했다. 당연히 쉽지 않았고, 그만큼 사명감으로 움직일 수 있는 사람을 찾아야 했다.

그런 사람들이 깃드는 병원 역시 단순한 건물이면 안 되었다. 섬사람들의 외로움과 감췄던 아픔까지 보듬어 안아줄 수 있는 복합적인 회복의 공간이어야 했다. 즉, 사회에 대한 헌신과 소외된 이웃을 향한 따뜻한 마음이 모여 만들어진 희망의 상징이 병원이었던 셈이다.

> 물질적 풍요만으로는 충분하지 않다. 진정한 행복은 나눔에서 오며, 그 나눔이 희망으로 피어날 때 우리 모두가 함께 성장한다.

섬사람들을 위해 병원을 짓겠다고 마음먹은 것은 건물과 장비, 의료서비스 등을 제공하겠다는 데에 그치는 것이 아니라 나눔을 통한 전천후의 행복을 꾀하겠다는 큰 그림을 그리는 것과 같았다.

그런 마음으로 내민 손을 섬에서 잡아줄지 아니면 싸늘하게 뿌리칠지는 그다음에 마주할 문제였다.

섬은 왜
섬이었을까

그러다 말겠지

"바다가 날 때는 아프면 안 된다."

섬사람들의 이 말은 단순한 주의가 아니라 절대적인 명령이다. 마치 팔자처럼 그저 받아들여야 하는 숙명 같은 것. 섬에 산다는 건 이런 숙명을 받아들이는 일이다.

바다와 하늘 사이, 그 어디에도 속하지 않은 채 떠 있는 섬. 그곳은 세상의 가장자리다. 시간도 공간도 육지와는 다른 흐름을 갖고, 그런데도 완전히 분리되지 않은 채 존재하는 애매한 세계. 사람들은 이런 섬을 두고 이중적이라 말한다. 고립된 땅이면서도 새로운 가능성의 공간, 외로움의 대명사이자 강한 공동체의 요람.

옛 그리스 사람들은 섬을 '신과 인간 세계의 경계'로 여겼다. 크레타는 미노스 문명이 꽃피웠고, 델로스는 광명의 신 아폴론이 태어났다고 알려진 땅이었다. 동양에서는 삼신산三神山으로 불리는 봉래산, 방장산, 영주산 같은 상상 속 섬들이 영생의 비밀을 간직한 곳이라고 믿어왔다. 이처럼 섬은 현실과 환상 사이 어딘가에 있었다.

그런데 역사는 섬에 또 다른 얼굴을 씌웠다. 로마제국은 정적들을 판티노섬 같은 외딴곳에 보냈고, 조선 시대 제주도와 흑산도는 유배인들의 한숨이 가득한 땅이었다. 근대에 와서는 알카트라즈나 로벤아일랜드처럼 섬 자체가 감옥이 되기도 했다. 섬은 잊힌 자들의 땅, 버려진 이들의 공간이었다.

섬사람들에게 하루하루는 자연과의 끝없는 줄다리기다. 바다는 밥줄이면서 동시에 목숨줄을 끊어버릴 수도 있는 두려운 존재다. 파도 소리와 갈매기 울음소리는 자장가가 되고, 바다의 기분에 따라 그날의 운명이 결정된다. 풍랑이 거세면 모든 게 멈춰 서는 곳. 그런 곳에서 **아프다**는 건 육지와는 차원이 다른 문제다.

"아버지가 갑자기 쓰러졌을 때, 우린 그저 하늘만 쳐다

보며 빌었어."

　섬에 병원이 들어선다는 말을 들었던 김분례(가명, 87세) 씨는 바다를 보며 중얼중얼, 오래 가슴에 담아둔 것이 분명한 말을 툭 내뱉었다. 병원이 없어 아버지를 눕혀 놓고 그저 천지신명에게 빌기만 했던 것이 십수 년, 아버지 얼굴마저 가물거릴 정도로 오래된 일이지만 가슴에 돌덩이처럼 무겁게 내려앉아 있었던 까닭이었다. 이 한마디에 섬에서의 병이란 게 단순한 아픔이 아니라 존재 자체를 위협하는 사건임이 고스란히 담겨 있다.

　육지에선 당연한 존재인 의사가 바다 건너에선 간절한 소원이 되는 현실. 맹장염 하나가 목숨을 위협하고, 만성질환은 그저 '내 팔자려니' 하고 받아들여지는 땅. 겨울이면 파도가 높아 임신한 여자들이 뭍으로 건너가 몇 달씩 지내다 아이를 낳는 일이 일상이었고, 각종 민간요법에 의지하며 병을 키우는 것은 당연한 삶이었다.

　동서고금을 막론하고 섬은 의료의 사각지대로 남아 있곤 했다. 스코틀랜드 외딴 섬들은 19세기까지도 한 해 동안 몇 번 의사가 들르는 게 전부였고, 남태평양 섬들에서는 20세기 중반까지도 제대로 된 의료시설이라곤 찾아볼 수 없었다. 우리나라 섬들도 마찬가지였다. 섬 3000여 개가 있는 나라에서 의사라는 존재는 대부분 뭍에서나 볼 수 있었다.

섬에 의료가 없다는 건 단순히 병원 건물이 없다는 뜻이 아니다. 그건 사람으로서 마땅히 누려야 할 권리가 없다는 것이고, 공동체가 지속될 수 없게 하는 근본적인 문제였다. 젊은이들이 섬을 떠나는 이유 중 하나가 바로 **안전에 관한 불안**이었다. 아이를 낳고 기르려면, 나이 들어 병들었을 때를 대비하려면, 육지로 나가는 것 말고는 다른 길이 없었다.

하지만 섬에는 그곳을 떠날 수 없는 사람들이 있다. 고향을 지키는 노인들, 바다가 밥줄인 어부들 그리고 그 가족들. 이들에게 의료는 사치가 아니라 필수다. 육지와 섬 사이 의료격차는 그저 불평등이 아니라 사람값이 태어난 곳에 따라 달라지는 부당한 현실이었다.

섬에 의사가 온다는 건 병을 고치는 사람이 생기는 것 이상의 의미가 있다. 그건 공동체에 대한 희망의 메시지이자, 버려지지 않았다는 안도감이며, 인간으로서의 존엄을 다시 확인하는 일이다. 의사의 청진기 소리는 그저 진찰하는 소리가 아니라 섬과 육지 사이 단절된 다리를 다시 이어주는 연결의 소리다.

섬이란 특별한 공간은 의료의 본질에 대해 다시 생각하게 한다. 의료란 뭘까? 그저 병을 고치는 기술일까, 아니면 사회적 **연대**와 **돌봄**의 실천일까? 섬의 현실은 의료가 가진 기술적 측면과 인문적 측면이 하나임을 보여준다.

바다 위, 하늘 아래, 그 경계에 자리한 섬의 이야기는 우리에게 묻는다. 문명과 발전의 혜택은 어디까지 닿아야 할까? 사람의 존엄성은 태어난 곳에 상관없이 보장되어야 하는 게 아닐까? 그리고 무엇보다, 우리는 서로에게 어떤 존재로 기억되고 싶을까?

섬에 병원이 문을 열었다는 소식은 그저 건물 하나가 생겼다는 게 아니라, 오랫동안 소외되었던 이들에게 전해진 희망의 메시지였다. 그것은 바다를 건너온 인간애의 실천이자 육지와 섬, 도시와 낙도의 경계를 넘어선 돌봄의 손길이었다.

첫발의 용기,
겨울을 지나는 온기

지긋지긋한 팔자 타령

사실 섬에 의사와 병원이 깃들기 전, 사람이 아프거나 다치거나 죽으면 늘 불려 나오는 말이 있었다.

바로 **팔자**였다.

"지 팔자가 여기까지인 걸 어쩌겠어."

팔자라는 말은 슬프면서도 절대적이다. 타고난 운명이라는 말로 '사주팔자'를 줄인 말이지만 보통 관용적으로 '타고난 운명이니 어쩔 수 없다'라는 체념을 담고 있다. 그래서 팔자라는 말은 더 이상 노력하지 않아도, 나아가

노력할 수 없게 만드는 벽이 되고, 때로는 극한에 다다른 망극을 이겨내게 하는 아이러니를 함께 지니고 있다. 어쩌면 섬사람들이 "팔자지"라고 하는 말은 이 두 측면을 모두 담은 한스러운 표현일 수도 있겠다.

불과 일곱 살, 천지 분간을 못할 천방지축 아이는 제 팔자를 이기지 못하고 세상을 떠났다. 낯선 일은 아니었다. 아직 나뭇가지인지 뱀인지 구분하기도 어려운 아이들이 뛰어놀다 훅 뱀이라도 밟으면 그날은 '그 집의 팔자대로' 초상이 터지는 날이었다. 뱀독은 급격하게 퍼지고, 그 속도를 이겨낼 수 있는 교통수단이 섬에는 하나도 없었기 때문이었다. 그러니 어쩔 수 없이 그때부터 팔자 타령이 시작된다.

"명이 여기까지인 팔자를 타고 나서."

"팔자가 그런 걸 어떻게 바꾸나."

서럽기는 해도 일단 팔자 탓을 하면 원망의 대상은 신으로 바뀌었다. 보통 사람들이 살면서 만나는 재난은 인재, 산재, 천재지변 정도인데 팔자는 이 모든 것을 아우르는 보따리 같은 말이었으니까.

인재가 발생하면 들입다 달려가서 멱살이나 머리끄덩이라도 잡아 흔들 대상이 있고, 산재가 발생하면 띠 두르고 목 터져라 외칠 대상이 있다. 천재지변은 하늘을 원망하거나 신을 타박하면 되는데 팔자는 이 모든 것의 위에 있었다. 신이 지정하고, 신의 섭리 아래 온 자연과 생물이 움직여 벌이는 일이었으니 말이다. 그래서 섬사람들은 하루가 멀다 하고 벌어지는 온갖 재난에 팔자라는 말을 갖다 붙였다.

노화도의 일곱 살 꼬맹이가 뱀에 물려 허덕이다 세상을 떠나기 불과 며칠 전, 바로 옆 소안도에서도 열 살짜리 아이가 뱀에 물려 **팔자대로** 세상을 떴다. 그나마 부모가 보는 앞에서 뱀에 물렸고, 물린 자리 위를 끈으로 묶고 침술을 시행하는 의원으로 뛰었지만, 뱀독이 퍼지는 속도를 이기지는 못했다. 한 아이가 떠난 지 얼마 되지 않아 또 다른 아이가 똑같은 일로 세상을 떠나고 말았다. 아이의 부모는 장례를 치르고 다시 바다로 나갔다. 팔자가 그랬다. 죽은 사람은 죽은 사람이고 산 사람은 살아야 했다. 죽은 아이의 형을 키워야 했으니까.

슬픈 건 죽은 아이의 형 역시, 아직 어린 데에도 불구하고 팔자라는 말을 입에 달고 산다는 것이다. 자기는 섬에서 살고 섬에서 죽을 팔자니까 공부는 안 해도 된다는 말은 그저 잠시 숙제가 하기 싫어 둘러대는 핑계가 아니었다. 뿌리 깊게 자리 잡은 체념이었고, 이미 시작하기도 전에 패배를 선언한 한계점이었다.

물론 모두가 그런 건 아니었고, 섬 생활이 마냥 슬프고 외롭고 힘들기만 한 것도 아니었다. 다만 습관처럼 팔자타령을 선언하고 불가능해 보이는 것을 지레 포기하는 습관이 들었을 뿐이었다. 이는 어른, 아이 할 것 없었다. 그저 오늘 내가 그 사고의 대상자가 아니었으면 그게 나의 팔자고, 운이고, 다행스레 불운이 비켜 갔을 뿐이었다.

사고는 어디에나

그나마 산과 들에 도사리는 건 기껏해야 뱀이었다. 주의 깊게 살피면 피할 수라도 있는 것이어서 섬에서 만날 수 있는 팔자 변수 중 가장 가벼운 것은 뱀이 아닐까 싶기도 했다.

진짜로 무서운 건 바다였다. 섬에서 나고 자라 평생을 자란 어른들은 날씨에 대해서는 반#무당이 되어 맑은 하늘을 보고도 바람이 세질 것인지, 배가 뜰 수 있을 것인지를 판단하곤 했다. 바다는 욕심을 내면 매몰차게 돌아서 버리는 무서움을 보여주었기에, 아무리 당장은 바다가 좋아도 그 뒤의 바다가 사나울 것 같으면 몸을 사리는 게 어르신들의 지혜였다.

하지만 당장 한 배에 실어올 수 있는 돈이 계산되고 하루 공쳤을 때의 손해가 읽히는 젊은이들에게 그런 지혜는 잠시 외면하고픈 것이었다. 지혜보다는 기계를 믿고, 여유보다는 빨리 큰돈 벌어 팔자를 고치고 싶었으니 말이다.

그렇게 나간 바다에서 운이 좋으면 멀쩡히 돌아왔지만 때때로 어딘가 부러지고, 찢어지고, 끊어진 채 집으로 돌아오곤 했다. 그나마 피라도 멈출 수 있으면 다행이었다. 사라진 신체 부위를 찾는 것도, 다시 붙이는 것도 섬에서는 쉽지 않았다. 바람이 협조해주지 않으면 육지로 가는 길도 열리지 않았다. 바닷길이 험할 때는 하늘길도 험했다. 인생에 불어오는 고난을 '풍파'라고 하는 데는 다 이유가 있었다. 바람과 파도. 둘 모두 섬에 가득했고, 그래서 사람들은 다치면 하는 수 없이 "팔자다"라고 체념할 수밖에 없었다. 다친 사람들이 할 수 있는 건 딱히 없었다.

그러니 어쩌겠나. 원망할 수 있는 건 팔자뿐이니, 또 그 팔자를 원망하며 시간을 보내는 수밖에. 그런 사람들이 많아질수록 사람들은 더 무뎌진다. 마치 이 안에서는 이 모든 것이 어쩔 수 없다는 것을 단체로 주입한 것처럼 말이다. 이러지도 저러지도 못하게 최종적인 핑계가 딱 만들어지면 그 앞에서 벌어지는 일들은 꼼꼼하게 진행되기가 어렵다. 열심히 하는 것도 별 의미가 없고, 고민하고 노력하는 것도 그다지 중요하지 않게 된다.

왜냐, 그래 봐야 다 정해진 팔자대로 흘러가는데 굳이…. 왜, 그렇게까지 열심히 해야 한단 말인가. **왜**라는 마음이 깊이 들어오면 그다음에는 느슨해진다. 특히 안전에 대한 것, 원칙에 대한 것이 먼저 스리슬쩍 사라진다.

예전에 한 기업인이 이런 말을 한 적이 있다.

> **노력은 안 하고 자꾸 잘못됐다고 한다.**[*]

원칙과 안전이 사라지면 사고는 계속해서 발생할 수밖에 없다. 물리적으로 다치기도 하고, '괜찮아'라는 안일함으로 쓱쓱 다듬어 먹은 복어가 복병이 되기도 한다. '나는 평생 물고기를 다듬었으니까' '어렸을 때부터 다듬는 걸 보고 배웠으니까' '지금까지 아무 일도 없었으니까 이번에도 괜찮을 거야'라는 마음이 간혹 집단 사고로 이어져 숱한 생명이 함께 세상을 떠나게 만들었다. 그때마다 사람들은 이 상황을 이겨낼 것들에 대해 고민하지 않고, "여기는 원래 그러니까 어쩔 수 없다" "잘못이라면 섬에서 태어나 섬에서 자란 게 잘못"이라고 말하곤 했다.

[*] 김우중, 《김우중 어록》, 북스코프, 2017, 202쪽.

그렇다고 해서 섬에서 아이가 태어나지 않는 건 아니었다. 나고 자랐으니 그냥 여기서 낳아야 하는 게 운명이고, 거기에 순응하는 게 팔자이니 아이는 계속 태어났다. 하지만 그 아이들도 소위 팔자의 굴레를 벗어나는 건 쉬운 일이 아니었다.

탄생, 그 무거움에 대하여

"나는 그냥 밭일하다가 쑥 낳았다."
"배 들어오는데 애도 나와서 탯줄 직접 끊었지. 그때 태어난 애가 지금 마흔이야."

누군가의 경험은 때로 누군가에게는 넘기 어려운 벽이 되기도 한다. 분명 경험이라는 것은 사람에 따라 달라지지만 일천한 경험이 원칙이 되면 그게 곧 법이고 진리가 되는 경우가 잦아진다.

특히 선택지가 다양하지 않은 환경에서는 더 그렇다. 공부할 때도 문과, 이과뿐 아니라 예체능, 그중에서도 음악과 미술, 체육까지 고루 경험해볼 수 있는 환경에 있다면 선택의 폭이 넓어지지 않는가. 그런데 고를 수 있는 과목이 국어와 수학 둘 중 하나라면, 그 사람은 결국 선행자의 말을 들으며 자신의 길을 억지로 수정할 수밖에 없다. 혹여 과학에 재능이 있다 할지라도 국어와 수학 둘 중 하나에 자신을 끼워 맞춰야 하는 것이다.

그 시절, 섬에서 아이를 갖고 낳는 것도 상황은 비슷했다. 사람마다 체질이 다르고 아이와 상호 소통하는 엄마의 건강 상태가 다르다는 건 주목할 만한 지점이 아니었다. 그저 예전 사람들이 이즈음 아이를 가졌으면 그 사람 역시 그즈음 아이를 가져야 했고, 5시간 만에 아이를 낳고 조개를 다듬었다면 역시 다른 누군가도 5시간 안에 아이를 낳고 뭐라도 하는 게 맞았다. 그건 사람들의 한계와 평계가 되었던 팔자만큼이나 강력한 테두리였다.

그리고 이 경계를 벗어나는 특이한 경우가 발생해도 빠져나갈 구멍은 있었다. 그게 그 사람 팔자라 어쩔 수 없다고 하면 그 누구도 의문을 제기하지 않았다. 이미 답은 정해져 있었고, 외면할 수 있는 방향도 만들어진 상황에서 이 구조를 깨고 나가려는 행동은 그저 유난이었다.

유난은 결국 공격을 받게 된다. 그러니 모두가 조석으로 얼굴 보고 엉켜 사는 곳에서 유난스럽다는 건 불편한 상황을 만드는 시작이었다. 유난스럽지 않으려고 참다 생기는 슬픔도 있고, 그럼에도 불구하고 유난스레 굴다가 오히려 돌이킬 수 없는 사고가 생기는 일도 있었다.

아이를 낳는다는 건 엄마의 목숨을 담보로 새로운 생명을 온전히 떼어내는 작업이다. 변수도 많고 위험한 순간도 당연히 많았지만 섬은 그 모든 것을 아우를 수 있는 환경을 갖추지 못했다. 결국 많은 아이가 제때 세상을 볼 기회를 잃고 사그라지기도 했고, 태어난 후에도 힘든 순간을 여러 번 넘기도 했다. 하지만 그때마다 부모가 해줄 수 있는 건 한정되어 있었다.

"할 수 없지…."

이 말은 우리 입에서 너무도 쉽게 흘러나온다. 한숨과 함께 내뱉는 이 짧은 문장은 오랜 시간 마음속 깊이 자리 잡은 패배 의식의 표현일지도 모른다. 말 한마디에 수많은 좌절과 포기의 순간들이 켜켜이 쌓여 있다는 것을 정작 말을 하면서도 깨닫지 못하는 경우가 많다.

인간은 자신을 둘러싼 환경을 탓하며 무력감에 빠지기 쉽다. 밤하늘의 별을 바라보다 문득 자신의 작은 존재를 느끼듯, 거대한 세상 앞에서 우리는 종종 자신의 한계를 느끼고 주저앉는다. 노력해도 바뀌지 않을 것이라는 생각에 차라리 원망할 대상을 찾는 것이 심리적으로 편안하다. '남들도 그렇게 살아왔으니 나도 그렇게 살아야 한다'는 생각은 마치 가을 안개처럼 우리 사회에 스며든다.

하지만 한두 사람의 포기는 개인의 슬픈 이야기로 끝

나지만, 집단이 함께 포기할 때 사회는 정체되고 만다. 그 침묵의 순간들이 모여 역사의 어두운 그림자가 된다. 이런 무기력의 정서는 겨울 눈처럼 쌓이고 쌓여 단단한 벽이 된다. 겨우내 쌓인 눈더미처럼 파내기도, 걷어내기도 어려운 무게를 지니고 있어서 결국 그 무게가 우리의 영혼을 짓누르게 된다.

  습기를 머금은 눈은 위에서 내리누르는 압력에 점점 더 단단해진다. 처음엔 부드러운 결정체였던 것이 시간이 지날수록 단단한 얼음이 되어간다. 일상적인 힘으로는 깨지지 않고, 눈더미가 가린 하늘을 볼 수도 없게 된다. 마치 우리가 꿈꾸던 미래의 풍경이 점점 희미해지는 것처럼. 그러나 이런 단단한 눈더미도 녹일 수 있는 것이 있다. 바로 지속적인 햇살이다. 그 햇살은 조용히, 그러나 끈질기게 얼음의 단단함에 도전한다.

  인간의 마음도 이와 다르지 않다. 딱딱하게 굳어버린 생각과 마음을 녹이는 것은 예상치 못한 **온기**다. 차가운 손을 감싸 안는 체온처럼, 절망의 순간에 건네는 미소처럼, 이 따뜻함은 결국 **사람**으로부터 온다. 운명을 함께 탓하면서도 서로의 눈물을 닦아주는 이웃들, 곁에 있는 사람들의 위로와 격려가 따뜻함의 시작이다. 그들의 손길은 얼음장 같은 마음 위에 내리는 첫 봄비와 같다.

그러나 이런 온기는 때때로 작은 불씨에 불과하다. 잠시 얼어 있던 부분이 녹더라도 불씨가 사라지면 그 자리는 오히려 더 단단하게 얼어붙는다. 잠시 희망을 맛보았다가 다시 현실로 돌아왔을 때 느끼는 그 공허함처럼. 눈더미를 완전히 녹이려면 지속적이고 끊임없는 빛과 열이 필요하다. 하루의 햇살이 아닌, 계절을 바꾸는 태양의 꾸준한 약속이 필요한 것이다.

이것이 바로 개인을 넘어선 사회의 역할이 중요한 이유다. 사람들이 모여 공동체를 이루고, 그 공동체가 더 큰 사회와 연결될 때, 간헐적인 따스함은 지속적인 온기로 변화한다. 마치 한 그루의 나무가 숲을 이루고, 그 숲이 기후를 바꾸듯이.

개인이 혼자서는 감당하기 어려운 짐을 사회가 함께 나눌 때, 우리는 비로소 공동의 성장을 이룬다. 건강이 좋지 않은 이들을 위한 의료서비스는 아픔 속에서도 희망을 품게 한다. 배움의 기회를 얻지 못한 이들을 위한 교육은 어둠 속에서도 빛을 찾게 한다. 경제적 어려움 속에서도 희망을 잃지 않도록 돕는 복지 시스템은 추운 겨울에 따뜻한 모닥불이 된다. 이 모든 것들은 개인의 차가운 절망을 녹이는 사회의 따뜻한 손길이다.

사회가 개인의 부담을 덜어줄 때, 사람들은 비로소 고

개를 들어 자신의 가능성을 찾아볼 여유를 갖는다. 무거운 짐을 내려놓고 난 후에야 하늘을 올려다볼 수 있는 것처럼. 누군가에게는 꿈을 실현할 기회가, 다른 이에게는 하루하루 살아갈 용기가, 또 다른 이에게는 함께 살아갈 이유가 생긴다. 그리고 이 작은 희망들이 모여 사회의 큰 물결이 된다.

따뜻함은 지속적인 시스템 안에서 자란다. 햇살처럼 꾸준하고 변함없는 사회적 지지만이 단단한 무기력을 녹이고, 포기와 체념 대신 희망과 가능성을 만들어낸다. 그것은 마치 오랜 겨울이 지나고 봄이 올 때, 처음에는 눈치채지 못하다가 어느 순간 모든 것이 녹아내리고 새싹이 돋아나는 것과 같다. 이 빛을 함께 만들어갈 때, 모두가 성장하고 행복할 수 있는 길이 열린다.

그리고 이 길은 항상 아무도 생각하지 못했던 첫발을 내딛는 사람으로부터 시작된다. 단단한 눈 위에 첫발자국을 남기는 용기, 그것이 바로 변화의 시작이다. 선구자들의 작은 도전이 결국 새로운 길을 만들고 흐름을 바꾼다. 때로는 그 발걸음이 외롭고 쓸쓸할지라도, 그 뒤를 따르는 이들에게는 희망의 이정표가 된다.

가장 긴 밤이 지난 후 조금씩 길어지는 낮의 햇살처럼, 우리 사회도 포기의 겨울을 지나 희망의 봄을 향해 나아간다. 처음에는 눈에 띄지 않는 작은 변화들이 모여 어느새 계절을 바꾸듯, 우리의 작은 노력과 관심이 모여 사회의 차가운 얼음을 녹이고 새로운 시작을 불러온다. 그때 우리는 '할 수 없지…' 대신 '할 수 있어!'라는 속삭임을 들을 수 있게 된다. 마치 섬에 처음 병원을 세우겠다 결심하고 들어온 사람들이 희망을 가득 품고 발걸음을 내디뎠던 것처럼.

섬섬옥수처럼
고운 별빛이 깃들 때

첫걸음이란

90퍼센트의 다수가 올라갈 수 없는 이유는 10퍼센트의 소수가 계속 올라가고 있기 때문이다.[*]

이 말은 단순한 경제적 격차를 넘어, 우리 사회가 나아가야 할 방향에 대해 묵직한 질문을 던진다. 사회라는 구조 안에 모든 것이 서로 얽혀 있는 상황에서 위에 있는 이

---

[*] 김우중, 《김우중 어록》, 북스코프, 2017. 396쪽.

들이 아래를 바라보고 손을 내밀지 않는다면, 밑바닥에서 아무리 발버둥 쳐도 구조 자체가 변하지 않는다. 결국 위에서 모범을 보이고, 책임감 있게 손을 내미는 것이 진정한 균형과 조화를 이루는 길이다.

이 말 속에는 중요한 진리가 담겨 있다. 한 개인이, 한 집단이 포기하지 않도록 사회가 시스템으로 그들을 지탱해야 한다는 것이다. 사람들이 포기하지 않고 도전할 수 있는 환경을 만드는 것은 단지 아래에서의 노력만으로는 불가능하다. 올라갈 수 없는 이유가 스스로의 한계 때문이라기보다 이미 단단하게 굳어진 구조 때문이라면 때로는 선구자, 먼저 시도하는 사람이 필요하다.

위에서 내려와야 한다.

위에서 내려오는 지속적인 관심과 따뜻함이 새로운 변화를 만드는 첫걸음이 된다. 그리고 새로운 변화는 삶에 가장 기초가 되는 것에서부터 시작되기 마련이다. 모든 큰 변화가 가장 작은 것에서부터 비롯되듯, 노화도의 변화도 그 기본적인 것에서부터 시작되었다.

의식주는 사람이 살기 위한 세 가지 기본 조건이다. 입고, 먹고, 집에 깃드는 것이 바로 의식주인데, 이를 보다 완전하게 만들기 위해서는 또 하나의 조건이 필요했다. 그게 바로 네 번째 조건인 **안전하고 건강한 삶에 대한 관심**이다.

단순히 먹고사는 것이 절체절명의 요소가 되었을 때는 삶의 질이란 관심에서 조금 벗어난 조건이었을 수도 있다. 하지만 어느 정도의 기본적인 의식주가 갖춰진 후에는 그 기본기를 안정적으로 유지하는 조건들에 대한 관심이 커진다. 그냥 사는 것이 아니라 건강하게 사는 것이 중요해지고, 그냥 자는 것이 아니라 아늑하게 자는 것이 좋아지고, 그냥 먹는 것이 아니라 맛있는 음식을 먹는 것에 집중하게 되듯 말이다.

1970년대까지만 해도 무의촌이라는 말은 큰 의미가 없었다. 의사는 많이 있는데 의사가 없는 지역이 일부 있을 때는 무의촌이라는 말이 맞지만, 의사가 있는 곳이 오히려 드물고 대부분의 지역에 의사가 없으면 무의촌은 무의미한 말이다.

무중생유 無中生有

사실 지금은 무에서 유를 창조하는 것이 의외로 쉬운 시절이다. 인공지능AI이 있고 다양한 분야에서 폭넓은 전문성을 가진 전문가들이 있으니, 없는 것에서 있는 것을 만드는 것이 그다지 어려운 일은 아니다. 무에서 유를 창조한다고는 하지만, 있는 것을 재생산하고 다시 재구성하는 것이 창조의 영역에 들어온다고 할 수 있다면 재료가 많은 지금이야말로 가히 창조의 시대가 아닐까?

한데 불과 20~30년 전까지만 해도 무에서 유를 만든다는 건 진짜로 없는 것에서 있는 것을 만들어내는 것이었다. 달랑 자본금 500만 원과 다섯 명의 직원으로 회사를 만들어 세계적인 기업을 만드는 것, 돈을 받지 못하면 자원이라도 대신 받아 새로운 것을 만들어 다시 파는 것. 그 시절은 그렇게 없는 것에서 있는 것을 뽑아내는 게 당연했던 치열함이 있었다. 그러니 의사가 없는 곳에 의사를 보내 그들이 의료를 펼칠 수 있게 하는 것도 어쩌면 당연한 수순이었을지도 모른다.

의사도 없고 병원도 없는 마을. 이곳은 마치 지도를 그릴 때 비어 있는 부분처럼 보이는 것 같으면서도 보이지 않는 곳이었다. 특히 1960년대 농어촌과 산간벽지를 중심으로 무의촌 문제가 처음 공론화되었을 때, 우리나라에는 수백 개의 지역이 의료의 사각지대에 놓여 있었다.

섬 지역은 그중에서도 가장 취약했다. 육지와의 접근성 부족, 의료인력 배치의 어려움, 기반시설의 낙후는 이곳을 더 고립되게 만들었다. 섬 지역에서는 병원이 없어 간단한 병조차 치료받기 어려웠다. 배를 타고 육지로 나가야 했지만, 파도가 높거나 날씨가 좋지 않을 때는 그마저도 불가능했다. 응급상황이 발생하면 이송 과정에서 생명을 잃는 사례도 흔했다. 여객선과 쾌속선을 이용해도 육지 병원에 도착하기까지 수 시간이 걸렸고, 이송 중 필요한 응급처치조차 받을 수 없었다. 그런 무의촌의 풍경을 마주한 누군가는 분명 물었을 것이다.

"이대로 내버려두어야 하는가?"

하지만 물음이 행동으로 이어지기에는 많은 시간과 자본, 노력과 관심이 필요했다. 개인이 혼자 할 수 있는 일은 아니었고 정부가 오롯이 감당할 수 있는 시절도 아니었다. 가장 민족주의적인 생각을 가진 사람, 단체, 국가에다가 시간, 노력, 의지가 더해져야 메꿔지는 구멍이고 열리는 길이었달까. 결국 1970년대 들어서야 그 물음은 행동으로 이어졌다. 낙도와 오지에 병원을 세우고, 의사를 보내고, 의약품을 제공하기 시작했다.

1970년대 말부터 정부와 민간 단체들은 공중보건의사 제도와 보건소 확충을 통해 농어촌 의료문제를 해결하려고 했지만, 여전히 많은 섬 지역은 사각지대에 남아 있었다. 그 공백을 메우기 위해 설립된 것이 바로 낙도의 병원들이다. 비록 많은 수의 병원이 여러 가지 현실적인 문제에 닿아 중도 포기했지만 이런 시도 자체가 귀한 시절이었다. 완도군 노화도의 대우병원은 그런 노력의 산물 중 하나였다. 1980년 의사가 없는 섬에서 아픈 사람들을 돌보기 위해 세워진 이 병원은 수십 년 동안 주민들의 건강을 지켜냈다.

이 병원은 내과, 외과, 소아과, 산부인과 같은 기초 진료를 제공했다. 이곳에서 새 생명이 태어나고, 노년의 질병이 관리되었으며, 주민들의 일상이 이어질 수 있었다. 병원이 없었던 곳에 병원이 생겼다는 사실만으로도 주민들에게는 삶의 무게가 줄어드는 기적과 같았다.

정신부터 바꿔야

낙도오지 의료사업은 개인이 할 수 있는 일도 아니었고, 그렇다고 한 기업에서 오롯이 다 감당할 무게의 것도 아니었다. 어쩌면 세상에서 가장 쉽게 해결할 수 있는 일은 돈으로 메꿀 수 있는 일이 아닐까. 간혹 낙도오지 의료사업 역시 돈이면 된다고 생각하는 사람도 있었지만, 사실 돈보다는 **사명**이었다. 그곳에 들어가는 사람의 정신도, 그 안에서 맞이하는 사람의 마음도 바뀌어야 지속 가능한 사업이었기 때문이다.

따라서 사회 환원이라는 민족주의자의 생각이 척추처럼 사업 근간에 자리 잡아야 했고, 자금을 들여서 돈을 벌되 이윤을 남기지 않는 사업이라는 의식이 확고해야 했다. 당시 낙도오지 의료사업에 관한 자료를 찾아보면 아래와 같은 글이 남아 있다.

> 낙도오지 지역에서는 지역적인 특성으로 인해 의료인력을 구하기 힘들고 문화적인 차이가 심해 뿌리를 내리기 어렵다. 이들 지역에서 이 사업이 성공을 하려면 주민들의 병원 및 의료에 대한 인식이 높아지고 의료인력과 의료시설이 지역 실정에 맞아야 하며 조직적이고 체계적으로 이루어져야 한다. (…)
>
> 과거에 이러한 시도들이 정착하지 못한 원인을 살펴보면, 첫째, 낙도와 오지에 의료시설을 하고 의사를 보내면 주민들의 의료문제가 해결될 것이라는 안이한 생각에 기초를 두었고, 둘째, 이들 지역에서 보건의료의 해결을 계몽이나 자선사업적인 개념을 갖고 접근해왔으며, 셋째, 조직적이고 포괄적인 계획 없이 시행되었고, 넷째, 현대 의학과 주민의 문화적인 배경과의 격차를 고려하지 않은 데 있다고

할 수 있다.*

지금에야 '상호 커뮤니케이션'이라는 말이 일상적이지만 그 당시에는 그렇지 않았다. 위에서 물이 흐르듯 그저 쏟아 부어주면 아래에서는 그 물이 구정물이든 흙탕물이든 수긍해야 하는 일방적인 행정이 보편적이었다. 그런 사회적 기조 속에서 지역 실정을 고려하되, 단순히 의료를 일방적으로 제공하는 것 이상의 역할을 수행하는 공간을 제공한다는 인식은 신선한 것이었다.

즉, '아프면 알아서 열심히 와라'는 것이 아니라 지역사회 개발을 고민하고 의료뿐 아니라 보건사업을 함께 전개하는 적극적인 소통의 자세를 기반으로 한 것이다.

삼면이 바다인 우리나라에는 3000개가 넘는 섬이 있다. 그중 사람이 살고 있는 섬도 400개가 넘는다. 특히 전라남도에는 무인도까지 합치면 총 2000개가 넘는 섬이 있는데, 이 많은 섬 중 어느 섬에 의료시설을 지을 것인지는 분명 난제였을 것이다. 하지만 모든 고민은 결국 가장 기본적인 주제를 잡는 순간 실타래가 풀리듯 해결이 되는 법. 낙도오지라는 사업의 본질에 집중하니 그때서야 답이

---

* 대우재단,《대우재단 낙도오지 의료사업》, 1978, 14쪽.

보였다.

낙도오지 의료사업은 지형적 특수성보다는 도로나 의료기관 등 기반시설이 부족해 의료접근성이 현저히 떨어지는 곳을 대상으로 한 사업이다. 아무리 시골이어도 근처에 병원이 있다면 그곳은 사업 목적상 적합하지 않은 곳이었고, 사람들이 많이 모여 있어도 의료접근성이 낮으면 그곳이 바로 사업을 펼칠 곳이 되는 것이었다. 낙도오지 중에서도 의료시설이 없어 의료서비스에 대한 인식이 가장 열악한 곳은 전라도였다. 병원 건립 기획위원을 맡은 연세대학교 의과대학 교수들이 주말마다 병원 후보지를 직접 방문해 현장의 의료실태를 조사했다. 그렇게 발품을 팔아 신안, 진도, 완도, 무주를 후보지로 선정했다. 완도에서는 양옆에 위치한 보길도와 소안도까지 품을 수 있는 노화도를 병원 부지로 결정했다.

노화도에 자리 잡은 완도대우병원은 완도 본도에서는 31킬로미터 떨어져 있다. 지금은 더 빠른 배가 자주 운행하지만, 병원을 지을 당시에는 완도읍에서 노화 부두까지 1시간 30분 정도 걸리는 일반 여객선이 하루에 다섯 번 운행됐다. 시간은 좀 걸리지만 일단 보길도와 소안도가 지근거리에 있고, 2만 3000여 명에 달하는 주민들을 아우를 수 있는 최적의 장소였다.

특히 병원이 위치한 이목항은 목포의 물자가 직접 들어와 '작은 목포'라 불리는 상업중심지이자, 노화도와 보길도를 잇는 다리가 없던 시절에 섬과 섬을 연결하는 생활중심지였다. 즉, '아프면 알아서 열심히 와라'는 장소가 아니라 그 지역에서 병원이 필요한 사람들이 가장 쉽게 접근할 수 있는 곳을 찾아 들어간 것이다. 아주 작은 차이지만 그 작은 한 걸음이 2만 명이 넘는 사람들의 "팔자니까"를 조금씩 사그라지게 한 시도였음은 분명했다.

오지에 뜬 네 개의 별

별은 희망의 상징이다. 달은 외롭거나 경이로웠지만 별은 다정하고 다감했다. 그래서 사람들은 달님에게는 빌었고 별님에게는 속삭이지 않는가. 오지의 사람들에게 필요한 건 해처럼 강력한 것도, 달처럼 묵묵부답인 것도 아니었다. 그저 옆에서 계속 빛나는 별 같은 것이면 되었다.

작지만 반짝이는 빛으로 옆에 있기 위해 1979년 봄, 전라북도 무주군에 첫 번째 대우병원이 문을 열었다. 무주는 섬은 아니었지만 깊은 산자락에 둘러싸인 오지였다. 전북의 산간 지역, 대둔산 자락에 자리 잡은 무주는 육지의 섬이나 다름없었다. 산길을 돌고 돌아 의료기관에 닿을 때면 이미 '골든타임'은 지나 있곤 했다.

"산에서 다치면 그냥 포기하는 거였어. 병원까지 가는 길에 죽을 수도 있으니까."

한 노인의 담담한 회상이 무주의 현실을 그대로 담고 있었다. 특히 겨울철 눈이 내리면 외부와의 연결은 더욱 끊어졌다. 그러니 아이를 낳을 때면 산모들은 몇 주 전부터 친척 집에 가 있거나, 아니면 팔자에 순응해 집에서 아이를 낳을 수밖에 없었다.

무주대우병원은 그런 현실에 첫 변화를 가져왔다. 의료진이 상주하고 현대적 의료장비가 마련된 병원이 생기자 사람들은 처음에는 반신반의했다.

"그렇게 좋은 병원이 우리 같은 시골에 왜 들어서나 싶었지. 혹시 얼마 못 가서 문 닫는 거 아닌가 걱정도 됐고."

하지만 병원은 꽤 오래 문을 닫지 않았다. 오히려 기대했던 것보다 더 가까이에서 일하다 다친 농부의 손을 치료하고, 노인의 만성질환을 관리하며, 아이들의 갑작스러운 열병을 고쳐주었다. 병원은 지역 공동체의 안전망이 되어갔다.

시골에서는 보기 드물게 입원용 침상을 스무 개나 갖춘 것은 물론, 침대가 어색한 주민들을 위해 침대 높이의 온

돌까지 마련하는 세심함은 곁에서 빛나겠다는 그 마음이 고스란히 비치는 배려였다.

게다가 자녀도 없고 생활마저 어려워 의료의 사각지대에서도 가장 구석진 사람들은 수술 비용까지 100퍼센트 무료였다. 오지에 병원을 세운 이유가 의료혜택을 받지 못해 죽어가는 사람이 없게 하자는 것이었으니, 그 첫 마음을 잃지 않기 위해 이윤은 미련 없이 포기한 것이다.

"돈 벌려면 사업을 더 했겠죠. 이 오지 산간에 병원 세웠겠어요?"

병원이 세워지고 얼마 뒤 큰 수술을 해 목숨을 건졌다는 박노월(가명, 72세) 씨는 다소 퉁명스럽지만 진심 어린 목소리로 말을 이었다.

"땅 파서 사람 살린다, 이거 크게 마음먹지 않으면 못 한다고 우리가 계속 말했어요. 의사 선생님들도 간호사 선생님들도 뭐 당최 집에 안 가. 미안해서 치료 안 받으려고 하면 붙들어다 앉혀놓고 '돈 안 받을 테니까 이것만 하자'고 끌고 가던 양반들이야…."

회상하는 눈가에 설핏 별빛 같은 것이 반짝였다고 느낀 건 착각이 아니었을 것이다. 왜냐하면 신안대우병원, 진도대우의원도 크게 다르지 않았기 때문이었다.

사실 신안이나 진도는 무주와 조금 다른 환경이었다.

신안대우병원이 들어선 곳은 비금도였다. 병원이 들어서기 전 이곳 주민들은 응급상황이 생기면 목포까지 가야 했다. 배를 타고 바다를 건너, 다시 육지 교통편을 이용해 병원에 도착하면 보통 서너 시간이 흘러 있었다. 산모가 난산일 때, 어부가 바다에서 다쳤을 때, 그 시간은 생사를 가르는 경계선이었다.

"우리 막내는 배 위에서 태어났어. 병원 가는 길에 아이가 나오려 해서…."

한 어머니의 이야기처럼, 신안의 주민들에게 출산은 목숨을 건 도전이나 다름없었다. 신안대우병원은 그 위험한 경계선을 허물기 시작했다. 특히 산부인과 시설은 섬사람들에게 큰 위안이 되었다. 아이들이 태어나고 자라는 섬, 미래가 있는 섬으로 신안이 변화하기 시작한 것이다.

무주보다 좀 더 규모가 큰 신안대우병원은 병상 서른 개를 보유한 2층 건물로, 서울에 있는 병원들과 비교해도 뒤지지 않을 규모와 설비를 갖추고 있었다. 개원한 지 불과 1년도 채 되지 않았을 때, 3000명이 넘는 환자가 진료를 받았을 정도로 병원은 귀하게 대접받던 시절이었다.

진도는 그나마 좀 큰 섬이어서 사람들도 나름 이런저런 혜택을 많이 받고 사는 편이었다. 예술과 문화의 섬이었고, 예전부터 자연환경이 좋아 육지에서도 많이 사람들이 놀러오곤 했으니 말이다. 하지만 의료환경만큼은 그 아름다움에 미치지 못한 것이 사실이었다.

이곳에도 소규모 의원들은 있었지만, 종합적인 의료서비스를 제공할 수 있는 병원은 없었다. 특히 수술이 필요한 경우 목포나 광주로 가야 했는데, 응급상황에서는 그 거리가 생명을 위협했다.

진도는 남도의 국악과 민요가 살아 숨 쉬는 곳이었다. 〈진도 아리랑〉의 구성진 가락처럼 섬사람들의 삶은 강인하면서도 슬픔이 묻어 있었다. 그 슬픔 중 일부는 제때 치료받지 못해 떠난 이들에 대한 한恨이었다.

"우리 어머니는 병원만 제대로 갔어도 살았을 거여. 그때는 갈 병원이 없었지…."

진도대우의원은 그런 한을 덜어주는 역할을 했다. 내과, 외과, 소아과, 산부인과 등을 갖춘 종합병원으로 문을 연 이곳은 진도 주민들뿐 아니라 인근 작은 섬 주민들에게도 희망이 되었다.

특히 진도에는 바다를 삶의 터전으로 삼은 어민들이 많았다. 거친 파도와 씨름하다 다치는 일이 잦았고, 바닷일의 특성상 척추와 관절 질환도 많았다. 진도대우의원은 어민들의 건강을 돌보는 지킴이가 되었다.

그리고 마지막으로 완도대우병원은 가장 열악한 환경

이자 가장 외로운 곳에 자리 잡은 병원이었다. 잠시 고개 들어 별 보는 것조차 버거울 정도로 바쁘고 힘든 삶이 켜켜이 쌓여 섬을 만든 게 아닐까 싶을 정도였다. 특히 병원이 자리 잡은 노화도는 미역, 전복처럼 풍부한 해산물로 바다의 풍요로움을 누렸지만, 주민들의 의료환경은 더할 나위 없이 척박했다. 주변에 연결된 섬들 역시 의료시설은 전무해서 이곳이 의료의 거점기지가 되면 섬 하나가 아닌 섬과 섬을 연결한 의료체계가 만들어질 수 있는 곳이기도 했다. 단순히 의료시설이 아닌 삶의 안전망이 구축된 셈이었달까.

노화도에 병원이 자리 잡은 덕분에 인근의 여러 작은 섬사람들도 이곳에 와서 치료를 받을 수 있게 되었다. 물론 여전히 바다를 건너야 했지만 이전보다는 훨씬 가까운 곳에 현대적 의료시설이 생긴 것이다.

네 개의 대우병원은 낙도와 오지에 의료시설 이상의 의미를 가져왔다. 그것은 그동안 팔자로 받아들였던 많은 일이 팔자가 아니라 접근성의 문제였음을 알게 해주었다. 아이들이 뱀에 물려 죽지 않아도 되고, 노인들이 만성질환으로 고통받지 않아도 되며, 산모가 배 위에서 출산하지 않아도 되는 세상이 온 것이다.

병원은 또한 한창 일하며 가정을 이룰 나이의 젊은이

들이 섬을 떠나지 않게 하는 이유가 되었다. 의료가 있는 섬, 아이를 안전하게 낳고 기를 수 있는 섬, 노인이 되어도 존엄하게 살 수 있는 섬으로 변화한 것이다.

그리고 무엇보다 섬사람들에게 그들이 **잊히지 않았다**는 메시지를 전했다. 바다 건너 멀리 있어도, 깊은 산속에 있어도, 병원은 그들 역시 이 사회의 일원이며 동등한 권리를 가진 존재라는 확인이었다.

"우리도 아프면 병원에 가면 된다는 게 얼마나 큰 변화인지 몰라. 그저 참고 견디던 시절이 있었는데…."

이처럼 대우병원들은 섬과 오지 주민들의 삶에 근본적인 변화를 가져왔다. 지리적 조건이 운명이 되지 않는 세상, 바다가 장벽이 아닌 다리가 되는 세상을 만드는 데 한 걸음 다가선 것이다.

2부

봄날이 오다

이솝우화 중 이런 얘기가 있다.

한 남자가 길을 걷고 있었다. 태양과 바람이 그 남자를 보며 서로 내기를 했다. 남자가 입은 두터운 옷을 누가 먼저 벗길 수 있느냐의 내기였다.

바람은 자신만만하게 있는 힘껏 바람을 불어 남자에게 보냈다. 그 정도 바람이라면 겉에 입은 외투가 휘리릭 날아가고도 남을 바람이었다. 하지만 남자는 바람을 맞이해 더 꽁꽁 깃을 여몄고, 지친 바람 옆으로 태양이 쓱 나타났다.

그리고 태양은 따뜻한 빛을 온화하게 남자를 향해 쏟기 시작했다. 남자는 하늘을 보며 스스로 외투를 벗었고 그 시합은 태양의 승리로 마무리되었다.

결국, 따뜻함은 시간이 걸릴지언정 많은 것을 감싸고 이기게 되는 것이 아닐까.

새싹 나듯
피어오르다

시작, 그 설레는 말

"그때가 딱 봄바람인가 겨울바람 끝인가, 여하튼 바람 냄새가 달라질 때 즈음이었는데."

"3월 초였을걸. 바닷가에 앉아 있으면 바람은 좀 차도 머리에 닿는 햇빛은 겨울마냥 쨍하게 쪼개지지 않았으니까."

"맞아. 겨우내 이것저것 실어 나른다고 고생들 했지. 내가 저 보일러 싣고 왔잖아."

"거, 배에다가 싣고 오는 게 뭐 힘들다고. 이 주변 석산이었던 거 기억 안 나? 어휴 돌 깨서 옮기느라 난 아주 등이 휘었어."

햇살이 잘 드는 곳에 앉아 두런두런 옛이야기들을 나누는 노인들의 머리 위로 아지랑이처럼 추억들이 피어오르는 것 같았다. 모두 병원의 시작을 기억하고 있는 사람들이었다.

어떤 지역에 새로운 시설이 들어오는 과정이 마냥 순탄한 것만은 아니다. 일단 그 지역 사람들이 반겨줄지도 확신하기 어려운 데다, 각종 인허가 과정도 쉽지 않다. 게다가 수시로 바뀌는 자연 환경에 따라 신속하게 대응하기 어려운 물리적 상황이라면 일은 더 더디게 진행되고, 담당자들은 더 힘들어진다.

꽃샘추위라는 게 있다. 딱 봄이 시작할 즈음에 꽃이 피는 것을 시샘하는 추위라고 해서 그렇게 부르는데, 어르신 중에서는 한겨울 한파보다 이 꽃샘추위가 더 춥고 견디기 힘들다는 이들도 있다. 겨우내 꽁꽁 얼어 추위를 잔뜩 머금은 땅과 공기의 기운이 약간의 추위도 더 춥게 만드는 매개체가 되기 때문이다. 온 세상이 한기로 꽉 차 있을 때 마지막으로 방점 찍듯 불어오는 추위랄까.

새로운 곳에 무언가를 만드는 것은 이 꽃샘추위를 이겨내는 첫 봄바람과도 같은 일이다. 잔뜩 얼어붙은 현실에 구멍을 내고 그 사이로 사람, 돈, 노력, 정성을 서서히 쏟아 구멍의 크기를 키워야 하는 일이니 말이다.

　노화도에 자리 잡은 첫 병원 역시 그랬다. 한 줄기 봄바람 같은 시작은 땅을 만드는 것이었다. 병원이 들어선 자리는 바닷물이 찰랑거리는, 배들이 완만하게 들어와 잠시 머물다 가는 곳이었다. 뒷산에서 돌을 깨어 이곳으로 날라서 땅을 단단하게 다지는 작업이 시작이었다. 그렇게 6000평이 넘는 너른 땅을 다진 지 1년 하고도 거의 두 달이 지났을 때, 바다를 바라보는 2층짜리 병원 건물이 노화도에 자리 잡게 되었다.

　육지에 있는 어떤 병원과 견주어도 모자람이 없는, 작은 규모지만 구성이 알찬 병원이었다. 내과, 외과, 소아과, 산부인과 등 섬에서 급하게 필요한 필수 진료과목은 물론, 입원용 병상도 스무 개나 갖춘 병원다운 병원이었다.

　육지에서부터 애지중지 실어온 발전기는 병원의 중요한 살림이었다. 그 무엇보다 바람이 변수가 되는 섬에서는 언제 전기가 끊길지 모르는 상황이었으므로, 수술이나 진료 중 갑작스러운 정전에 대비하려면 발전기는 필수였다. 병원이 설립되는 1970년대 말까지만 해도 육지의 전기가 섬에 들어가기란 몹시 어려운 일이었기에 자체적으로 전기를 생산하는 설비가 꼭 있어야 했다. 더불어 입원 환자들을 위한 정수기, 보일러 등도 설치하고 가장 좋은 의료장비들로 실속 있게 병원을 꾸렸다. 수술기구와 분만대, 엑스레이 및 초음파 기기, 신생아 인큐베이터 등 육지 병원을 가야만 만날 수 있는 장비들이 섬 병원으로 들어왔다. 배로 실어 나르느라 운송비가 곱절도 넘게 든 귀한 기구들이었다.

조상님이 노하신다, 이놈들아!

고가의 장비, 유능한 인력이라는 따스한 바람이 슬슬 불기 전까지도 꽁꽁 언 겨울은 지속되었다. 계절이 주는 추위보다 무서운 것이 차가운 사람 마음 아니겠는가. 삶의 질을 윤택하게 해주는 병원이 들어온다는 것을 환영하는 사람이 있으면, 극구 반대하는 사람도 있는 것이 세상 이치인 만큼 노화도의 병원도 첫 시작이 쉽지 않았다.

일단 6000평이 넘는 땅을 사지 못하고 바다를 메워서 부지로 쓴 것부터가 어려움의 시작이었다. 사실 육지와 달리 섬에서 땅은 그 무엇보다 귀하다. 돌산의 밭 일부를 제외하면 절대적으로 토지가 모자란 곳이 섬 아니던가. 당연히 가지고 있는 땅을 선뜻 내놓을 주민은 없었다. 결국 공무원들과 기술진들의 논의 끝에 얕은 동산의 돌산을 사서 바다를 메우기로 했다. 사람들은 푸른 바다가 든든한 땅이 되어가는 것을 보며 마음 한 귀퉁이를 녹여가기 시작했다.

물론 이때도 반대하는 사람들은 있었다. 특히 돌산을 깨려면 소위 '암석 발파'를 해야 하는데, 지축이 흔들릴 정도의 소음이 발생한다. 이 소리에 '누워 계신 조상들이 깬다'며 공사를 하지 말라고 하는 사람들이 있었다. 심지어 그 흔한 모래와 자갈도 없어서 배로 그것들을 운반해야 하는 수고도 있었다. 널린 게 흙이고 모래며 돌인데 그걸 왜 비싼 돈을 주고 가져와서 땅을 만드냐고 다들 입을 댔지만 그럴 수밖에 없었다.

돌과 흙이 상상을 초월하는 돈을 지불해야 하는 것이었다면, 물은 돈 주고도 얻기가 어려운 것이었다. 사면이 바다인데 물이 없다는 아이러니는 오직 섬에서만 겪을 수 있는 상황이었다.

깨끗한 물은 건강의 가장 기본적인 요소다. 아프리카에서는 깨끗한 물만 마실 수 있으면 죽을 위기에 처한 생명의 반은 구한다고 하지 않는가. 평범한 사람도 최소한 하루 2리터의 물이 필요하고, 씻는 물이나 청소, 빨래 등 위생 목적의 생활용수까지 고려하면 이보다 훨씬 더 많은 물이 필요하다. 하물며 병원은 환자를 돌보는 곳이다. 단지 생존에 필요한 물뿐 아니라, 말 그대로 '물을 물 쓰듯이' 써야 하는 곳인데 물 부족을 걱정해야 하는 상황이었다.

"영화에 보면 막대기 같은 거 푹 꽂아서 훅 뽑으면 물이 콱 솟고 그러잖아? 그거 다 거짓이야. 물이 그렇게 찾기 쉬운 거면 왜 집집마다 지하수 우물이 없겠어?"

감사하게도 천지 사방이 산이고 계곡인 나라여서 예로부터 물이 부족한 걸 체감해본 사람이 많지 않지만, 그건 섬이 아닌 육지에 해당하는 얘기였다. 염수가 아닌 담수는 섬에서 귀한 것이었다. 그러니 땅을 얻겠다고 돌 깨는 것도 싫어하는 사람들에게 물까지 달라고 할 수는 없었다.

섬사람들도 물을 주고 싶지만 줄 수 없는 환경이기도 했다. 그들 역시 땅에서 물이 나오지 않아 집집마다 지붕을 함석으로 짓고 비가 오면 그 지붕의 물을 한곳에 모아 사용하곤 했으니까.

물은 비단 노화도의 문제만이 아니었다. 노화보다 일찍 지어진 신안대우병원에서는 건립 당시 지하수 공사를 열두 번 시도했고, 그나마도 1킬로미터 이상 떨어진 곳에서 수원을 발견해 물을 끌어올 수 있었다. 다행히 노화의 병원은 마치 섬이 미리 준비해둔 것처럼 보일러실 자리에서 불과 1미터도 떨어지지 않은 곳에서 물이 솟았다.

마치 단 음식을 먹으면 짠 음식이 당기는 '단짠단짠'처럼 한번 어려운 일이 일어나면 그다음에는 마음의 위안을 주는 일이 일어나고, 다시 마음을 졸이는 일이 일어나면 그다음에는 또 풀어주는 일이 일어나는 롤러코스터 같은 시기였다. 아주 변덕스러운 봄 날씨 같다고나 할까.

풍파가 빚어낸 기억의 조각들

그래도 물과 돌은 노력과 시간, 돈이 더해지면 해결할 수 있는 것이었다. 사람이 할 수 있는 일 중 이 세 개로 해결할 수 있는 일은 고민의 축에 끼지 못한다. 어쨌거나 기댈 구석이 있기에 방법을 찾으면 될 일이니 말이다.

하지만 그 변수라는 것에 자연이 슬쩍 끼어들면 그때부터 사람은 한없이 작은 존재가 된다. 어떻게든 이겨내서 극복하려고 했던 그 지긋지긋한 팔자타령이 다시 한순간에 튀어나와 모든 것을 잠식할 만큼 자연은 짓궂고 힘이 세다. 섬에서는 특히 그랬다. 그중 바람은 불어오는 순간 체념도 함께 덮쳐오는 무시무시한 것이었다.

섬에서의 바람은 지금도 넘을 수 없는 벽이다. 서울에서 부산까지 조만간 1시간 이내로 이동할 수 있네 없네 하는 말이 나올 정도로 교통수단이 발전한 지금, 섬으로

가는 배와 위급할 때 뜨는 헬기까지도 바람 앞에서는 속수무책이다. 하물며 40여 년 전에는 더 심하지 않았을까?

"지금 기억에 건축 공사가 시작되고 골조가 끝날 무렵에 진짜 큰바람이 불었지. 여름이었는데 하필 그놈의 태풍이 어마어마한 바람을 몰고 온 거야."

"아, 기억나네. 30년 만의 해일을 몰고 왔던 그 태풍. 이름이 뭐더라…?"

"어빙호. 그래도 그건 며칠 머물다 갔잖아. 어휴, 그다음에 진짜 북풍 때문에 죽을 맛이었지."

"어이구, 북풍 불면 바로 폭풍주의보인데. 아마 3일에 한 번은 자재가 다 날아가고 그랬을걸?"

"볼 때마다 어이구, 저기 1000만 원 날아간다, 어이구 5000만 원 날아갔네, 그랬지."

그렇게 치열하고 간절했던 사건도 시간이 지나면 웃으면서 떠들 이야깃거리가 된다. 그놈의 병원이 뭔지, 애면글면 온 애간장이 다 녹아서 사라질 정도로 그해 여름에서 이듬해 봄까지 마음을 들들 볶았는데 완성된 건물 앞에서는 그 모든 고생이 그저 옛이야기였다. 그래서 섬에 들어선 건물들은 역사가 없는 것이 하나도 없다. 누군가가 '인생은 가까이서 보면 비극이고, 멀리서 보면 희극'이라 했다는데, 비단 인생뿐 아니라 거의 모든 삶의 사건에

어울리는 말이 아닐까 싶다.

섬에는 '세 번 인사를 해야 배를 탄다'는 말이 있다. 바람이 하도 변덕을 부려 배 타고 육지를 나가는 일이 쉽지 않음을 의미한다. 어쩌면 이 말에는 섬사람들만의 응석이 들어 있는 게 아닐까 싶다. 꽁꽁 얼어 있다고 그냥 가지 말고 세 번은 돌아봐달라는 말. 싫다며 거절하고, 아니라고 고개를 저어도 세 번은 물어봐줬으면 하는 마음. 그리하여 세 번째에는 결국 손을 잡고 함께할 마음을 먹겠다는 깊은 정까지 말이다.

1978년 그 시절의 노화도 사람들은 병원 하나를 놓고 그렇게 갈등했다. 찬성하는 이들과 반대하는 이들이 섬 전체를 둘로 가르며 다투었던 그 치열했던 순간들이, 이제는 마을 어른들의 입에서 무심한 옛날이야기로 흘러온다. 마치 오래된 흑백사진처럼 그때의 감정들은 흐릿하게 바래어버렸다.

하지만 병원은 바깥에서 떠들든 말든 여전히 그 자리에 서 있었다. 섬사람들의 아픔을 어루만지고 생명을 지키는 파수꾼으로, 때로는 누군가의 마지막 숨결을 지켜보는 증인으로, 때로는 그곳에서 태어나는 새 생명들의 첫 울음소리를 맞이하는 요람으로. 시간은 갈등을 씻어내고, 병원은 섬의 일부가 되었다.

우리는 종종 잊는다. 지금 우리가 당연하게 누리는 것들이 누군가에게는 간절한 소망이었다는 것을. 그래서 섬의 건물들은 하나같이 이야기를 품고 있다. 눈물과 한숨 그리고 마침내 이뤄낸 기쁨의 순간들을. 그것이 바로 섬이 가진 깊은 정이고, 세 번 인사하는 마음이며, 결국에는 서로를 보듬어 안는 포용이 아니었을까.

지금도 노화도의 바닷바람은 병원이 있던 그 건물의 창가를 스치며 지나간다. 그 바람 속에 섬사람들의 옛이야기가, 그들의 한숨과 웃음이, 끝내 하나가 되어 서로를 보듬었던 그 따스한 정이 고스란히 담겨 있다.

그냥 사람을 사랑하는 거

"좋은 세월이야. 아프면 갈 곳이 있잖아."
"어휴, 몇 년 전까지만 해도 꼼짝없이 죽었지."
작은 섬 노화에 병원이 들어온다는 얘기를 듣고 섬사람들은 처음에는 의아해했고, 그다음에는 설렘과 기대감을 감추지 못했다.

뜻밖의 소식. 병원 설립은 뜻밖이라는 말 외에는 표현할 길이 없었다. 당연히 더 크고 접근성이 좋은 섬에 들어

가겠거니 했는데 상상도 하지 못한 '병원 보유 섬'이 되는 행운이 찾아온 것이니 얼떨떨하기도 했다.

"거, 돈 있다고 할 수 있는 건 아니지."

병원 부지가 정해지면서 섬 전체가 들썩이던 그때, 누군가가 돈 많은 기업이 나라에 환원하는 자선사업이라는 논조로 슬쩍 말을 꺼냈을 때, 흙을 날랐던 인부 하나가 정색하면서 했다는 말이었다. 그는 바닷물이 들락날락했던 갯벌에 모래와 흙을 쏟아부어 단단한 대지를 만드는 일을 하며 병원 부지를 숱하게 오갔던 사람이었다. 건설 현장에서 기초를 닦으며 그가 한 생각은 '이건 돈 있다고 하는 일은 아니구나'였다고 말했다.

"낯간지럽긴 한데, 이건 애정이야."

"뭘 사랑해? 섬을 사랑해?"

"아니, 그냥 사람을 사랑하는 거."

중년 남자에게서 툭 튀어나올 법한 말은 아니었다. 평생 부대끼고 사는 아내에게 고맙다는 표현도 한 번 못 하는 무뚝뚝한 바다 사나이의 입에서 튀어나온 **사랑**이라는 단어. 육지에서 뚝 떨어진 섬에 최고급 시설의 병원이 들어서고 있다는 것만큼이나 이질적인 것이었다. 하지만 그 말을 들은 사람들 그 누구도 그 말을 부정하지는 못했다. 사랑은 한 사람이 한 사람을 추앙하는 감정뿐 아니라 더 큰 감정의 범위를 포괄한다는 걸 본능적으로 깨닫고 있었기 때문이었다.

나라를 사랑했던 조상들은 기꺼이 전쟁터에서 목숨을 바쳤고 총칼 앞에서도 만세를 외쳤다. 민족을 사랑했던 사람들은 피 한 방울 섞이지 않은 타인을 위해 재산을 바치고 일생을 헌신했다. 그렇게 지금을 만든 희생과 인내를 구축하는 건 사랑 외에는 마땅한 단어가 없었고, 그 투박한 중년 남성이 자기가 알고 있는 가장 넓은 범위의 단어를 말한 것뿐이었다.

그 남자의 말은 맞았다. 병원은 그냥 아프면 와서 치료를 받는 수동적인 공간이 아니다. 아프기 전 내 삶의 방식을 공유하여 질병과 사고를 예방하는 법을 배울 수 있는 곳이고, 병이 자라 삶을 좀먹기 전에 다른 삶의 꼴을 함께 고민할 수 있는 소통의 장이기도 했다. 나아가서 병원에서는 더 건강하게, 더 잘 살기 위한 삶의 기술을 알려주는 것에서부터, 잠재적인 의료수요를 개발하고 향후 나아갈 방향을 함께 모색하기도 했다.

사람들은 이곳에 생기는 병원이 그런 의미를 갖고 있다는 것을 본능적으로 알았다. 말 못 하는 강아지도 자기를 아껴주는 사람과 미워하는 사람을 구분해 꼬리를 칠지 이빨을 드러낼지 판단을 하는데 사람이 왜 모를까.

의료낙후지역, 낙도오지라는 이름으로부터의 해방. 노화도에는 오래 쌓여 긴 어둠 속에 단단히 굳어져온 차갑고 거대한 얼음이 살살 녹아내리기 시작했다. 하나둘, 빛을 등에 둘러맨 사람들이 섬으로 들어오기 시작한 것이다.

사람, 사람, 섬

겉보다 속을

건축물이 들어서고 보기만 해도 번쩍거리는 새 장비들도 속속들이 육지에서 건너오기 시작했다. 그 무렵, 사람들 역시 나름의 비장함을 품고 하나둘 섬으로 들어왔다.

겨울이 막 끝나가던 때였다. 바닷가에 서서 먼 수평선을 바라보던 조현숙(가명, 당시 24세) 간호사는 자신이 내린 결정에 대해 다시 한번 생각했다. 뒤로는 가족과 친구들, 익숙한 도시의 편안함이 있었다. 앞으로는 미지의 세계, 낯선 얼굴들이 기다리고 있었다. 그녀는 깊게 숨을 들이쉬고 차가운 바닷바람이 뺨을 스치는 것을 느꼈다. 이제 돌아갈 수 없다. 그녀는 마음속으로 다짐했다.

"여객선 곧 출발합니다. 승객 여러분께서는 모두 승선해주시기 바랍니다."

확성기를 통해 울려 퍼지는 안내 방송에 그녀는 무거운 가방을 들고 배에 올랐다. 갈매기들은 울음소리와 함께 하늘을 맴돌았고, 배는 천천히 부두를 떠나기 시작했다. 멀어지는 육지를 바라보며 그녀는 궁금해했다. 자신이 가는 곳에서는 어떤 사람들을 만날까, 그들은 어떤 아픔을 갖고 있을까, 과연 그들에게 **도움**이 될 수 있을까.

푸른 바다를 건너 3시간이 지나자 안개 속에서 섬의 윤곽이 드러났다. 이곳이 그녀가 새로운 삶을 시작할 섬, 병원이 있는 곳이었다. 도시에서 볼 수 없는 고요하고 평화로운 풍경, 그러나 그 고요함 속에 의료의 부재라는 깊은 아픔이 숨겨져 있었다.

"어서 와요, 기다리고 있었어요."

그녀를 맞이한 사람은 김형규(가명, 당시 54세) 원장이었다. 병원장이 간호사를 버선발로 맞이하며 두 손 꼭 쥐고 고마움을 표현하는 건 드문 일이었다. 아랫사람이 아닌 함께할 동료를 맞이한다는 마음 없이는 나올 수 없는 모습이었다. 그의 손은 거칠었지만 악수는 단단하고 따스

했다. 병원 건물 옆에는 앰뷸런스 한 대가 있었는데, 그것이 없었다면 이곳이 병원이라고 믿기 어려울 정도로 조용하고 평화로웠다. 개원한 지 얼마 되지 않았음에도 끊임없이 오고가는 환자들이 없었으면 경치 좋은 곳에 지어진 한적한 숙소라 느낄 정도로 주변 풍광이 좋았다.

"어제 급한 환자가 있었어요. 밤새 수술했죠."

밝은 얼굴로 인사했던 원장이 눈을 비비며 말했다. 그의 눈 밑에는 피로의 그림자가 짙게 드리워져 있었지만 목소리에서는 열정이 느껴졌다.

급한 환자라는 말에 조 간호사의 귀가 번쩍 뜨였다. 바다를 건너오면서 '가면 당장 무슨 일을 해야 하나' 막연하게 궁리만 했었는데, 급하게 돌아가는 병원과 피곤함이 묻어 있는 원장의 얼굴을 보니 한가하게 하루이틀은 섬이나 둘러봐야겠다는 생각이 금세 사라져버렸다.

"여긴 섬이잖아요. 육지와는 환자 종류가 좀 달라요. 차차 익숙해지시겠지만…."

말이 끝나기가 무섭게 시끄러운 소리가 들리며 한 남자가 병원으로 실려 들어왔다. 딱 봐도 한쪽 다리가 다른 쪽 다리에 비해 2배는 부풀어 있었다.

"파도에 휩쓸려서 바닥으로 떨어졌어요! 부러진 거 같은데…."

인사가 채 끝나기도 전에 원장은 황급히 환자와 함께 병원 안으로 뛰쳐 들어갔다. 조 간호사 역시 짐을 대충 두고 원장과 환자를 쫓아 들어가며 생각했다. 잘 왔다고, 자신의 선택이 틀리지 않았다고.

그날 밤, 기숙사 방에 홀로 앉아 그녀는 일기를 썼다.

오늘부터 나는 섬에 있는 작은 병원의 간호사가 되었다. 상상했던 것보다 훨씬 더 외진 곳이다. 하지만 이곳에는 나의 손길을 기다리는 사람들이 있다. 의료인이 되기로 결심했던 그 첫 마음을 잊지 말자. 내일은 어떤 환자들을 만날까? 나는 그들에게 어떤 도움이 될 수 있을까?

병원에 첫발을 디딘 간호사의 결심은 그 이후로도 여러 사람의 마음으로 이어지고 또 이어졌다. 그렇게 병원은 사명감 있는 의료인들로 채워졌고, 그들의 손길을 통해 섬사람들은 치유를 경험할 수 있었다.

위로하고, 위로받고

밤의 병원이 긴장 그 자체라면 낮의 병원은 소란 속 혼

란이 가득했다. 아픈 노인들은 그동안 참고 살아왔던 것을 한 번에 토해내듯이 큰 소리로 여기가 아프다, 저기가 아프다, 내가 더 아프다고 말하며 서로 경쟁했다. 하지만 그 와중에도 환자들의 눈은 계속해서 의료진을 따라다니고 있었다. 마치 귀한 꽃이 흔들리는 것을 보는 듯한 다정한 눈빛이었다. 저 사람들이 없었으면 어땠을지 상상해보는 것이었을지도.

"병원이 생겨서 얼마나 다행이었는지 몰라. 전에는 아플 때마다 배 타고 육지로 나가야 했지 뭐. 그것도 바다가 잔잔할 때만 가능했고."

섬에서 태어나 섬에서 늙어가고 있는 박순덕(가명, 68세) 씨는 굽은 손가락을 주무르며 말했다. 주름진 얼굴에는 수십 년의 고단한 세월이 새겨져 있었고, 바다를 건너 병원에 가던 중 목숨을 잃은 사촌 언니 얘기를 들려줄 때는 오래된 슬픔이 눈에 가득 담겼다. '지역이나 환경에 상관없이 모든 이에게 의료혜택이 닿아야 한다'는 신념으로 만들어진 병원이 어쩌면 박순덕 씨가 오랜 시간 지니고 있었던 맺힌 마음을 풀어주지 않았을까.

"간호사들도 집이 다 육지니까. 여기 기숙사에 있었거든. 내가 고마워서 김치도 많이 갖다 줬어."

맺힌 마음이 풀리면 그 매듭은 또 다른 인연을 엮어가

는 데 쓰이기 마련이었다. 사람들은 고마워서, 아끼는 마음이 들어서 자신들을 위해 여기까지 와준 의료인들에게 기꺼이 살림의 일부를 내어주기도 했다.

덕분에 의사와 간호사들이 머무는 기숙사는 소박했지만 따뜻하고 풍성했다. 섬의 먹거리들이 떨어지지 않고, 서로가 가족이 되어가면서 기숙사는 또 다른 가정의 모습을 갖추기 시작했다. 저녁 식사 후, 간호사들은 종종 함께 모여 노래를 부르거나 마치 자기 가족을 걱정하듯이 환자들에 대한 얘기를 나눴다고 했다.

당시 이곳에 왔던 이들은 모두 각자의 이유로 이곳을 선택했지만 공통된 목표가 있었다. 아픈 이들을 돕고, 고통받는 이들에게 **위로**가 되는 것. 화려한 도시의 삶을 뒤로하고, 타인의 아픔에 자신의 청춘을 바치기로 결심한 이들과 함께한다는 **연대감**은 그 어떤 물질적 풍요보다 값진 것이었다.

곱기도 하고 밉기도 한 세월의 정

눈부신 봄날이 지나고 뜨거운 여름이 왔다가 코끝을 스치는 가을바람이 불고 차가운 겨울이 찾아들었다. 계절의 변화와 함께 오지 병원의 얼굴들도 계속해서 변했다. 처음 함께 시작했던 간호사 몇 명은 가족의 건강 문제로, 또 다른 이들은 결혼, 학업을 위해 섬을 떠났다. 은퇴한 원장의 뒤를 이어 젊은 원장이 새로 부임했고, 신출내기 의사들이 봉사의 열정을 안고 찾아오기도 했다. 저마다의 사정으로 의료진들은 계속 바뀌었다. 하지만 그들의 목표는 같았다.

"진료기록만 제대로 인계하면 환자 치료에는 문제가 없을 겁니다."

떠나는 의사가 담담하게 말했지만 그의 눈에는 아쉬움이 깃들어 있었다. 떠나는 사람들은 각자의 이유가 있었다. 아픈 부모를 돌봐야 하는 간호사, 도시의 병원에서 더 많은 경험을 쌓기 위해 떠나는 의사, 학업을 계속하기 위해 대학원에 진학하는 젊은 의료인까지. 그들이 섬에서 보낸 시간은 짧게는 몇 개월이고 길게는 몇 년에 이르렀지만, 그 시간이 그들의 인생에 남긴 흔적은 평생을 가는 것이었다.

"처음 왔을 때는 불안했어요. 제가 과연 이곳에서 잘 해낼 수 있을까 걱정했죠. 하지만 지금은 제가 의사로서뿐 아니라 한 인간으로서 얼마나 성장했는지 느낍니다."

섬을 떠나던 의사가 담담하게 말한 소회에는 이곳이 그

저 봉사의 자리가 아닌 스스로가 성장하는 자리이기도 했다는 고백까지 담겨 있었다.

그렇게 먼저 온 이들은 떠나고 새로운 이들이 그 자리를 채웠다. 육지의 번잡함을 떠나 순수한 의료봉사의 가치를 찾아온 사람들, 섬 출신으로 고향을 위해 봉사하기로 결심한 사람들, 혹은 단순히 모험심으로 온 이들까지. 다양한 배경과 동기를 가진 이들이 섬으로 모여들었다. 하지만 그들의 목표는 같았다. 아픈 이들을 돕고, 소외된 이들에게 의술을 베풀며, 인간으로서의 온기를 나누는 것. 그것이 의료인으로서의 근본적인 사명이었다.

어느 날 저녁, 새로 부임한 의료진들을 위한 환영회가 열렸을 때였다. 마을 주민들이 가져온 신선한 해산물로 차려진 식탁에 둘러앉은 의료진들은 서로의 이야기를 나누었다. 그중 경력이 가장 많은 수간호사가 조용히 입을 열었다.

"의학의 아버지 히포크라테스Hippocrates가 이런 말을 했다고 합니다. '의사가 되기 전에 인간이 되어라. 인류와 국가가 요구하는 것은 박애 정신을 가진 인간인 의사다'라고요."

그녀의 말에 모두가 고개를 끄덕였다. 그 말은 격언이자 그들이 매일 실천하고자 하는 삶의 방식이었다.

"우리가 왜 이곳에 왔는지, 앞으로 어떤 마음가짐으로 일해야 할지를 잘 보여주는 말씀이네요."

누가 먼저랄 것도 없이 고개를 끄덕이는 의료진들, 그들의 눈에는 결연한 의지가 빛났다. 어쩌면 섬에 들어왔던 모든 의료인은 이 말에 가장 부합한 사람들이 아니었을까. 대도시의 큰 병원에서 명성과 부를 쌓을 수 있는 길을 뒤로하고, 불편과 고립을 감수하며 섬으로 온 이들. 그들은 의술이란 단순히 질병을 치료하는 기술이 아니라, 타인의 고통에 함께 느끼고 그 아픔을 덜어주는 사랑의 실천임을 몸소 보여주고 있었다.

거친 파도와 바람을 뚫고 응급환자를 이송했을 때, 밤새 수술실에서 땀을 흘리며 생명을 구했을 때, 회복된 환자가 감사의 눈물을 흘릴 때. 그런 경험들은 의료인들의 가슴속에 깊이 새겨졌다. 교과서에서 배울 수 없는, 오직 이곳에서만 얻을 수 있는 소중한 교훈이었다.

의학은 점점 더 기술적으로 섬세해지고 있었다. 더 정밀한 진단 장비, 더 효과적인 약물, 더 정교한 수술 기법들이 계속해서 발전하고 있었다. 그러나 그런 기술적 발전만으로는 충분하지 않다. 숙련된 테크닉과 첨단 장비를 넘어 환자의 고통을 자신의 것처럼 느끼고, 그 아픔을 덜어주기 위해 헌신하는 자세가 필요하다.

"요즘 젊은 의사들은 환자의 눈을 보지 않고 컴퓨터 화면만 보지."

은퇴한 의사가 한 강연에서 했던 말이다. 의료기술이 발달할수록 오히려 의사와 환자 사이의 인간적 교감은 줄어들고 있는 것이 요즘의 세태다. 그러나 섬의 병원은 달랐다. 제한된 자원과 장비를 가지고 있어도, 아니 어쩌면 그렇기 때문에 더욱 의료인과 환자 사이의 인간적 신뢰와 교감이 살아 있었다. 간호사는 환자의 손을 잡고 이야기를 들어주었고, 의사는 환자의 눈을 바라보며 상태를 물었다. 그들은 환자의 병만 보는 것이 아니라 그 병을 앓고 있는 한 인간을 오롯이 바라보았다. 그들의 가족 관계, 생업, 걱정거리까지. 그것이 진정한 **치유**의 시작이었다.

누군가의 헌신은 아름다운 인연을 만든다. 그럴 수밖에 없는 것이 한 사람은 하나밖에 없는 귀한 생명을 맡기고, 한 사람은 그 귀중한 생명의 아픔을 멎게 해주고 다시 생의 기쁨을 찾게 해준다. 이 얼마나 아름다운 만남인가.

환자와 의료인 사이에 맺어진 인연은 깊은 신뢰와 존중으로 이어졌다. 정기검진을 위해 병원을 찾는 주민들은 자신의 건강 상태뿐 아니라 가족과 마을의 소식까지 나누었다. 그렇게 병원은 치료 공간을 넘어 지역사회의 중심이 되어갔다.

살아 있는 모든 것은 꽃을 피운다. 오지 병원에서 의료진들의 헌신 역시 아름다운 꽃으로 피어났다. 그들의 헌신은 잊힌 땅에 피어난 가장 아름다운 꽃이었다. 그 꽃은 때로는 화려하지 않을 수 있고, 눈에 잘 띄지 않을 수도 있다. 하지만 그 꽃의 향기는 멀리까지 퍼져 많은 이에게 위로와 희망을 전하고 있었다.

그리고 그 꽃은 계절이 바뀌어도, 사람들이 바뀌어도, 계속해서 피어날 것이다. 하얀 가운을 입은 새로운 의료인들이 섬으로 들어오고 그들도 자신의 꽃을 피울 것이다. 그렇게 오지 병원의 전통은 이어지고 그곳에서 피어난 꽃들은 더 많은 씨앗을 남겨 새로운 꽃을 피울 것이다. 때로는 꽃이 아닌 열매로, 아니면 다른 형태로 존재할지 몰라도 앞선 사람들이 일군 꽃밭은 이름이 바뀌어도 꽃밭 아니겠는가.

섬의
마음들

섬으로 가는 길

1979년 겨울, 노화도로 향하는 배는 차가운 겨울바람을 가르며 나아갔다. 뱃머리에 서서 먼 섬을 바라보는 의료진들의 눈빛에는 설렘과 두려움이 공존했다. 그들은 각자의 이유로 이 멀고 외로운 섬을 선택했지만, 그렇다고 해서 마냥 행복한 것은 아니었다.

각자의 필요는 늘 그 반대편에 아쉬움이나 두려움을 동반한다. 배를 타고 노화도로 들어오는 사람들 역시 그랬다. 누군가는 의술의 본질을 찾아서, 또 누군가는 자신의 능력을 가장 필요로 하는 곳이라 생각해서 이곳에 왔지만 모두가 낯섦에 대한 걱정을 갖고 있었다.

그들은 파도 소리만이 가득한 바다 위에서 자신들이 곧 마주하게 될 삶에 대해 생각했다. 가족들과의 이별은 가슴 한편을 무겁게 했지만 그들의 마음속에는 더 큰 사명감이 자리 잡고 있었다. 의학이란 결국 사람을 향한 것이 아니던가. 그리고 이곳의 사람들은 오랫동안 제대로 된 의료혜택을 받지 못한 채 살아왔다.

고대 의사의 전형典型으로 기록된 히포크라테스는 의사가 지켜야 할 윤리를 규정한 '히포크라테스 선서'를 저술한 것으로 알려져 있다. 물론 지금의 의학 환경과는 맞지 않는 말이 대부분이라 1948년의 '제네바 선언'을 통해 개정되기도 했다. 그러나 구체적인 내용보다 중요한 것은 아주 오래전에 한 의사가 의사로서의 **사명**에 관해 고민했고, 그것을 서약문으로 만들었다는 것이다. 양심과 위엄으로 의술을 베풀고, 환자의 건강과 생명을 첫째로 생각하며, 모든 것을 초월하여 환자에 대한 의무를 지키겠다는 엄숙한 선언.

섬으로 오는 배에 오르겠다고 결심한 모든 의료인은 저마다의 목적과 계기를 가지고 있더라도 그 마음은 모두 가지고 있었을 것이다. 사람을 살리고, 사람을 위하겠다는 사람을 향한 맹세 말이다.

어쩌면 그들은 배 안에서 훨씬 더 열악하고 고통스러운 환경을 떠올렸을지도 모른다. 배에 오르기 전까지 가장 많이 들은 말을 머릿속에서 곱씹었을 수도 있다.

"아니, 어차피 수술하려면 배 태우고 헬기 태워 큰 병원으로 내보내야 할 텐데… '바지사장'도 아니고."

"공보의만으로 충분하지 않겠어? 어차피 자잘한 거 아니면 다 육지에서 해야 하잖아."

"그냥 바람 좋고 환경 좋은 데 가서 몇 년 놀면서 쉬다 온다고 생각하면 뭐, 나쁘지 않겠어."

어쩌면 진심으로, 아니면 정말 이해할 수 없어서 던진 말들이었을 것이다. 당시에는 흘려들었던 그 말들은 파도에 너울거리는 배 안에서 불쑥불쑥 마음을 치고 올라와 불안하게 만들었다.

가장 최악의 상황들을 머릿속에 상상해가며 응대법을 고민했지만 딱히 뾰족한 것이 떠오르지도 않았다. 그렇게 기대와 사명으로 출발했던 의료인들의 마음이 불안과 걱정으로 절반 즈음 채워졌을 때 섬에 도착했고, 그들을 기다리고 있는 병원은 또 다른 의미의 놀라움을 품은 채 의료진들을 맞이했다.

약속의 무게

"아니, 이거까지 있어요?"

병원 문을 열었을 때의 놀라움을 그들은 평생 잊지 못한다고 했다.

"이런 장비들이 섬에 있다니…."

쏟아진 감탄사들. 육지의 큰 병원에서도 쉽게 볼 수 없는 최신식 엑스레이 장비와 초음파 기기가 그들을 맞이했다. 이는 단순한 의료기기 이상의 의미였다. 그것은 **약속**이었다. 이 외딴섬에서도 최고 수준의 의료서비스를 제공하겠다는, 인간의 생명은 어디에서나 동등한 가치를 지닌다는 묵직한 약속.

사람이 할 수 있는 것 중 무겁기로는 약속이 가장 무겁고, 지독하기로는 사랑이 가장 지독하다. 간혹 미움이 더 지독하다, 원망이 더 무겁다고들 하지만 그렇지 않다. 미움과 원망은 그 대상이 세상에서 사라지면 감정도 함께 사라진다. '원망하고 미워할 대상이 없어졌는데 해봐야 뭐하겠나'라는 마음과 함께 그냥 툭 놓아지는 것이다. 하지만 약속과 사랑은 그렇지 않다. 그 대상이 세상에서 사라지더라도 그 무게가 내게 남아 있으면 남은 자는 약속을 지키기 위해 최선을 다한다. 사랑 역시 변치 않는다.

사랑과 약속으로 일군 결과들은 그 사람이 세상을 떠나고, 세월이 지나도 고유한 가치로 남는다. 그리고 이 가치는 전파력이 강해서 나를 기억해 달라고, 잊지 말아 달라고 조르지 않아도 자연스럽게 사람들이 그 진정성에 동의하게끔 한다.

땅끝에서 다시 배로 건너와야 하는 섬에 마련된 **진심**의 공간을 보며 의료진들은 새로운 결심을 했다. 말로 다 표현할 수는 없었지만, 공간이 진심인데 사람이 진심을 다하지 않을 이유가 없었다. 이제 그들에게는 핑계가 없었다. 할 수 있는 모든 것을 다해야 했다. 적응의 시간도, 탐색의 시간도 필요 없었다. 섬에 도착한 날부터 바로 실전이었다.

고독과 연대의 시간들

당직실은 그들의 두 번째 집이 되었다. 아니, 어쩌면 첫 번째 집이었는지도 모른다. 기숙사가 따로 있었지만 그들은 대부분의 시간을 이 좁은 당직실에서 보냈다. 언제 들이닥칠지 모르는 응급환자를 위해 그들은 항상 준비되어 있어야 했다.

밤이면 창밖으로 들리는 파도 소리가 유일한 벗이었다.

때로는 그 소리가 너무 크게 들려와 잠을 설치기도 했지만 점차 그 소리는 그들의 일상이 되어갔다. 가족들이 없는 외로운 시간을 채워주는 건 동료였고, 환자로 만났다가 이웃이 된 사람들이었다. 섬에 깃들어 사는 동물들이 위로가 되어주기도 했다.

진정한 위안은 동료들과 함께하는 시간에서 왔다. 긴 수술을 마치고 둘러앉아 먹는 늦은 저녁, 응급환자를 함께 돌보며 맞이하는 새벽, 서로의 고향 이야기를 나누며 보내는 쉬는 시간. 그런 순간들이 쌓여 그들은 하나의 작은 가족이 되어갔다.

인생이란 것이 참 묘하다. 때로는 가장 외로운 순간에 가장 깊은 연대가 피어난다. 그들은 이곳에서 그것을 배웠다. 특히 함께 힘든 시간을 견디며 동료에서 전우로, 전우에서 가족으로 변해가곤 했다.

그러던 어느 깊은 밤, 응급실 문이 거칠게 열렸을 때였다. 술 냄새를 풍기며 들어온 나이 든 어부의 손에서는 피가 흘렀다. 그물에 손이 엉켜 깊게 베인 상처였다.

"아, 뭐 이런 걸 가지고… 그냥 붕대나 줘요."

하지만 의료진의 눈에는 상황이 심각했다. 힘줄이 손상된 것으로 보였다. 당장 치료하지 않으면 평생 손을 제대로 쓰지 못할 수도 있었다.

"이러다 평생 그물도 못 만지실 수 있습니다. 지금 치료 받으셔야 해요."

"아이 씨, 돈 뜯어내려고 그래? 그냥 빨간약이나 있으면 좀 발라주고 붕대나 감아달라니까!"

"살만 상한 게 아니라서 그래요. 일단 출혈도 너무 많고, 꿰매야 한다고요."

경험이 곧 상식이고, 경험이 곧 법인 사람들에게 지식은 두 번째 선택지였다. '이 정도 다친 거면 이틀이면 낫는다' '이건 그냥 둬도 낫는다'는 주관적인 판단과 싸우는 건 아무리 굳은 마음과 사명으로 다져진 의사와 간호사들에게도 쉽지 않은 일이었다. 게다가 맨정신도 아닌 술을 먹은 환자와 실랑이를 하는 건 꽉 막힌 벽에다 대고 말하는 것보다 어려웠다. 하지만 이 역시도 흔한 일이었다.

며칠씩 바다에 나갔다가 들어와서 술을 마시지 않는 어부는 찾기 힘들었다. 섬은 해가 지고 나면 더욱더 강한 고립이 찾아오는 곳이고, 그 폐쇄된 곳에서 사람들이 스트레스를 발산하고 서로 교류하는 방법은 한계가 있었다. 쑤시는 근육을 달래 다음 날 일어나기 위해 술을 마시기도 했지만, 해가 지고 나면 무료한 시간을 보낼만한 놀거리가 없어 술을 마시기도 했다. 술은 생활이고 습관이었기에 야간에 응급실은 태반이 취한 사람들로 차곤 했다.

낯설지도 않았지만 익숙해지기도 어려운 그 시간을 극복하게 하는 건 오직 하나, **진심**밖에는 없었다. 주야장천 붕대만 찾으며 술기운에 날카로워진 목소리로 화를 내던 어부도, 의료진의 진심 어린 설득에 마침내 치료를 받아들였다.

　이런 광경은 일상이나 다름없었다. 그냥 목소리만 높이면 다행이었다. 때로는 만취한 환자들이 행패를 부리기도 했다. 의료기구를 집어던지고, 고성을 지르고, 심지어는 의료진을 위협하기도 했다. 하지만 그들은 알고 있었다. 그 분노의 이면에는 고된 바다 생활이 있다는 것을, 깊은 바다에서 목숨을 걸고 일하는 이들의 삶이 있다는 것을.

　"원장님, 저 사람들 신고해야 하는 거 아닌가요?"

　"아니야. 저 사람은 지금 취한 사람이 아니라 우리가 필요한 환자야."

　이렇게 서로를 달래고 의지하며 의료진들은 묵묵히 자신들의 일을 이어갔다. 취객의 폭언 속에서도, 과격한 행동 앞에서도, 그들은 한결같이 환자를 먼저 생각했다. 밤바다의 위험과 싸우는 어부들, 고된 노동으로 지친 섬사람들. 그들의 거친 언행 뒤에는 항상 절절한 사연이 있었다. 의료진들은 점차 그들의 삶을 이해하게 되었고, 상처 입은 몸만이 아닌 마음까지도 돌보는 법을 배워갔다.

그래도 만취한 사람은 술에서 깨고 나면 멋쩍어하며 고맙다는 말을 건네기도 했다.

"술이 웬수"라며 사과하기도 했고, 오히려 미안한 마음에 선물을 싸 들고 오는 적도 있었다. 오히려 술보다 더 무서운 건 무지였다.

제 피를 뽑으세요!

"피를 뽑으면 안 됩니다! 우리 어머니 기력이 다 빠져나갈 텐데요!"

때는 겨울이었다. 바람이 많이 불어 풍랑이 거셌고 육지와의 연락도 잘 되지 않을 정도로 기상 상황이 좋지 않았다. 그리고 그런 험한 날씨를 뚫고 리어카에 몸을 실은 산모가 황급히 병원에 도착했다. 태아가 거꾸로 된 상황에서 긴급 수술과 수혈이 필요한 상황이었다.

응급실에 한바탕 긴장이 맴돌던 그때, 예상치도 못한 소동이 일었다. 환자의 가족들이 헌혈을 거부한 것이다. 난산으로 수혈이 필요한 상황에서 가족 중에 혈액형이 맞는 사람은 오직 시어머니뿐이었다. 그런데 당사자인 시어머니부터 가족들 모두가 수혈을 반대하기 시작했다. 피를 뽑으면 급격하게 건강을 잃는다는 이유 때문이었다.

　십수 년 전만 해도 의학적인 지식이 충분하지 않았다. 헌혈하면 피를 뽑아내는 만큼 피를 준 사람이 쇠약해진다는 이야기가 돌곤 했다. 피를 뽑은 사람 중 실제로 어지럼증을 호소하며 쓰러지는 사람도 있었으니 말이다. 지금에야 헌혈 후에 바로 일어나면 어지러울 수 있고, 피는 뽑고 나면 차츰 다시 몸에서 만들어지며, 무엇보다 병원에서 헌혈자의 몸이 상할 만큼 뽑지 않는다는 것을 알고 있지만 당시에는 아니었다.

　그러니 늙은 노모의 몸에서 피를 뽑는 순간, 초상을 치를지도 모른다는 자식들의 생각 때문에 당장 수혈이 급한 며느리가 죽어가고 있었던 것이다.

　전통적인 믿음이 현대 의학과 충돌하는 순간이었다. 의료진들은 답답했지만 그들의 믿음을 무시할 수는 없었다. 그것 역시 오랜 세월 이어져온 그들만의 지혜이니 말이다. 그들의 생각을 무시하고 무작정 밀어붙인다고 될 일은 아니었다. 보관 중인 혈액도 없고, 당장 큰 병원으로 옮길 수도 없는 상황에서 모두가 발을 동동 구르고 있을 때였다. 그때 한 간호사가 앞으로 나섰다.

　"제 피를 뽑으세요! 제가 헌혈하겠습니다!"

　그 순간 난장판이었던 응급실에 적막이 돌았다. 환자

가족들의 얼굴에 당황스런 빛이 맴돌았다. 한시가 급한 상황, 다시 간호사의 단호한 목소리가 응급실을 가득 채웠다.

"보세요, 헌혈한다고 제 몸이 나빠지면 제가 준다고 하겠어요? 나눠줘도 멀쩡합니다. 환자분의 생명이 위험해요. 지체할 시간이 없어요."

때로는 백 마디 말보다 한 번의 행동이 더 큰 힘을 발휘한다. 그녀의 결연한 의지 앞에서 가족들의 걱정과 두려움이 조금씩 누그러졌다. 간호사는 거침없이 팔을 걷어붙였고, 그날 밤 두 생명이 구원을 받았다.

며칠이 지난 후 산모의 가족들은 쭈뼛거리며 병원을 찾았다. 헌혈하려면 어떻게 해야 하는지 물어오는 그 가족들을 보면서 의료진들은 중요한 것을 깨달았다. 신뢰란 서로를 이해하려 노력할 때 비로소 싹트기 시작한다는 걸, 누군가의 굳은 생각을 깨는 건 때로는 말로 하는 설득보다 행동이라는 걸.

신뢰의 초석

행동을 앞세운다는 것도 말처럼 쉬운 것은 아니었다.

차라리 헌혈 사건처럼 행동으로 보여주고 그 행동 자체로 설득할 수 있는 거라면 오히려 쉬웠을지도 모른다. 문제는 행동으로 보여줄 수 없는 가치에 대한 설득이었다.

병원이 들어오기 전, 섬에는 약방이나 의원이 전부였다. 그나마 도시의 의원은 규모가 큰 곳이 있기도 하지만 섬에서는 단편적인 진단과 가벼운 치료만 가능한 곳인 경우가 많았다. 적어도 병원이라 불리려면 이보다 양적인 규모를 갖춘 곳이어야 했다. 무엇보다 진료하는 의료진, 진료과목, 가능한 의술의 범위 등이 차이가 난다. 당연히 비용도 차이가 날 수밖에 없다. 눈으로만 보고 삐었다고 하는 것과 제대로 된 검사기구로 살펴보고, 엑스레이도 찍고, 진단 결과에 맞춰 주사나 약을 처방하는 것이 같을 리가 없으니 말이다.

소외된 섬사람들을 위해 의료복지 차원에서 무료 진료권도 나눠주고, 병원비도 육지와 비교해서 낮게 책정했다. 하지만 병원이 주민들에게 그 과정을 이해시키는 데는 의외로 긴 시간이 필요했다. 몇몇 주민들은 의료비가 비싸다며 발걸음을 돌렸고, 때로는 불만을 직접적으로 표출하기도 했다.

"이렇게 비싼데 누가 오겠소? 우린 그냥 약방에 가면 되는데…."

"육지 병원보다 더 비싸다면서요?"

의료진들은 처음에는 당황했고, 그다음에는 이해하려고 노력했다. 갑자기 나타난 현대식 병원과 의료진들이 제시하는 새로운 방식이 섬사람들에게는 낯설고 부담스러웠을 것이다. 하지만 그들은 묵묵히 맡은 일을 해나갔다. 밤새 중환자실을 지키고, 응급실에서 쏟아지는 땀을 닦아가며, 수술실에서 긴장된 시간을 보내며 섬에 녹아드는 방법을 택했다.

시간이 흐르면서 상황은 조금씩 달라지기 시작했다. 의료진들의 헌신이 하나둘 입소문을 탔다. 진료비가 없다고 하소연하는 노인의 이야기를 경청하고, 밤중에도 언제든 달려와 진료하는 모습이 섬사람들의 마음을 움직였다.

"지금도 의원, 병원, 종합병원, 상급병원을 구분하지 못하는 사람이 많고, 1차 병원, 2차 병원, 3차 병원의 차이를 제대로 모르는데 당시에는 더 그랬죠."

진료비가 비싸다며 항의했던 사람들을 떠올리던 당시의 의료진 중 한 분은 고개를 설레설레 저으며 말을 덧붙였다.

"진료비 때문에 항의하는 건 뭐, 사실은 애교입니다. 투덜거리면서도 내긴 하니까요. 그거보다 더 힘든 건 어휴, 민간요법이었어요."

민간요법이 아주 효험이 없다고는 할 수 없다. 의사 중에서도 체하면 당장 급한 대로 손을 따기도 하고, 피곤해서 돋아난 혓바늘 때문에 꿀을 입에 머금는 사람도 있으니 말이다. 민간요법 역시 오랜 세월 사람들의 지혜가 응축된 것이기는 하다. 다만 더 빠르고 정확한 현대 의술을 놔두고 옛것을 고집하느라 오히려 병을 깊게 만드는 경우들이 있고, 의료진들은 그 생각과 고집을 대상으로 싸우는 게 더 힘들었다고 했다.

"상처에는 된장을 발라야 한다우."

"뜨거운 돌로 지져야 낫는다니께."

"쑥뜸이면 다 나아."

하지만 이런 방법들로 낫지 않은 사람들이 결국에는 병원으로 왔고, 의료진들은 이미 치료가 늦어버린 환자들을 때때로 마주해야 했다. 깊지 않았던 상처가 민간요법 때문에 덧나 있었고, 초기에 치료할 수 있었던 질환들이 악화한 채로 병원을 찾아왔다. 특히 충수염으로 실려 온 어린 소년은 의료진들의 가슴을 아프게 했다.

"할머니가 그러는데 배가 아플 때는 뜨거운 돌을 올려놓으면 낫는다고 하셨어요."

뜨거운 돌을 올려놓은 덕분에 피부는 화상을 입어 벌겋게 부어올랐고, 충수염은 이미 심각한 상태였다. 응급실은 순간 침묵에 잠겼다.

"제발… 살려주세요."

소년의 어머니가 의사의 손을 붙잡았다. 수술 시간이 평소보다 2배는 더 길어졌다. 의료진들은 화상 입은 피부를 조심스럽게 다루며 충수를 손보기 진행했다. 다행히 소년은 살았다.

이 사건 이후, 의료진들은 환자들을 치료하는 것 외에도 시간이 날 때마다 건강에 대한 바른 지식을 전달하기 위해 노력했다.

> 대체로 생의 길잡이가 되는 말들은 평범하여 말 자체로써 그 값진 의미를 찾기는 힘들다. 또한 세대에 공통되는 진리의 성격을 띤 교훈일수록 듣는 이에겐 재미가 덜하다. 하지만 그 교훈들이 인생의 여정에서 중요한 판단의 근거로 나타날 때 사람들은 그 말들이 얼마나 소중한 것인지를 깨닫게 된다.*

이처럼 기본적이고 평범한 말이었지만 그 말의 의미와 가치를 전달하는 데는 긴 시간이 필요했다. 지칠 법도 했지만 의료진들은 천천히, 하지만 끈기 있게 주민들을 설

---

* 김우중, 《역사는 꿈꾸는 자의 것이다》, 북스코프, 2020, 30쪽.

득해나갔다. 전통 의료가 가진 지혜는 인정하되, 위험한 처치가 어떤 결과를 가져올 수 있는지, 언제 병원을 찾아야 하는지를 알려주었다.

"할머니, 쑥뜸도 좋지만 먼저 검사부터 받아보는 게 어떨까요?"

"아저씨, 된장은 음식에나 넣읍시다. 상처엔 소독약이 필요해요."

변화는 더디기는 했지만 반드시 찾아왔다. 어느 날 늘 쑥뜸을 고집하던 할머니가 손녀를 데리고 병원을 찾았다.

"이제는 의사 선생님 말씀 들어야제."

오래된 믿음을 바꾸는 것은 결코 쉽지 않지만 진심 어린 관심과 존중으로 다가간다면 불가능한 것도 아니라는 것을 그들은 배웠다. 전통과 현대의 조화는 대립이 아닌 이해에서 시작된다는 것을 말이다.

섬에 뿌리내린 오랜 관습들은 하루아침에 바뀌지 않았다. 하지만 의료진들은 조금씩, 그러나 확실하게 변화를 만들어가고 있었다. 그들은 믿었다. 언젠가는 이 섬의 아이들이 뜨거운 돌로 배를 지지는 일 없이 안전하게 치료받을 수 있는 날이 올 것이라고.

다다익선 아니었어?

민간요법과의 싸움이 지난한 것이라면, 약 처방과의 싸움은 지독한 것이었다. 뭐든 많아야 마음에 안정이 오는 사람들은 약물 과다 복용에 이미 익숙해진 상태였다. 사실 약을 비롯한 치료는 과유불급이다. 약은 내성이 생기면 더 센 것을 써야만 하니 최소한의 치료를 위한 적정량을 먹어야 하고, 주사제나 다른 치료도 마찬가지였다. 완도대우병원이 들어서기 전에 노화도에서 운영 중인 의원은 한 곳에 불과했지만, 약방은 무려 열한 곳이나 있었다는 것만 봐도 사람들이 얼마나 약에 의존했는지 알 수 있었다.

사람의 몸은 기계가 아니다 보니 치료를 시작해도 곧장 좋아지지는 않는다. 생각해보라. 망가지는 데 십수 년이 걸린 몸이 단 한 번의 약이나 주사로 치료된다면 아픈 사람이 어디 있고, 질병으로 죽는 사람이 어디 있겠는가.

그런데 섬사람들의 특징은 높은 강도의 노동을 매일 해야 삶이 유지된다는 것이다. 즉, 오늘 손목이 부서지게 아파도 내일 쉴 수 없고 일은 해야 하는 게 섬 생활의 슬픔이었다. 그러니 어쩌겠는가. 약을 2배, 3배 먹어 통증을 잠시 멈추게 하고 일할 수밖에 없지 않겠는가.

그러다 보니 섬의 의원들은 약을 과하게 주는 게 당연한 관례였다. 하지만 올바른 치료를 하겠다고 제대로 된 병원을 열었는데 약을 무작정 많이 줄 수는 없었다. 딱 치료에 필요한 만큼만 처방하기 시작했다. 그러자 곳곳에서 볼멘소리가 터져 나오기 시작했다.

"원장님, 약이 너무 적은 거 아닙니까? 이것 가지곤 못 나을 것 같은데. 약 좀 더 줘요."

처방받은 약을 바라보며 할머니가 부탁도 아닌 반半협박조로 약을 요구했다. 하지만 의사는 이런 반응을 예상했다는 듯 거절했다.

"괜찮으세요. 지금은 이 약이 딱 필요한 만큼입니다."

하지만 할머니는 쉽게 납득하지 못하는 눈치였다. 의원뿐 아니라 약국에서도 항상 한 움큼씩 약을 지어줬는데, 병원에서는 고작 서너 알의 약만 내어주니 말이다.

"저번에 김 씨네는 약을 이만큼이나 받았다던데…."

"우리 동네 약방에서는 항상 많이 주는데…."

"이래서야 어떻게 나아요?"

의료진들은 이런 말들을 하루에도 수십 번씩 들어야 했다. 때로는 환자들이 더 많은 약을 달라며 언성을 높이기도 했다. 주사를 놓아달라는 요구는 거의 일상이었다.

"주사 한 대만 놔주면 금방 나을 텐데요."

"약도 적게 주고 주사도 안 놓고. 이게 무슨 병원이요?"

하지만 그럴 때마다 의료진들은 끈기 있게 설명했다. 약이 많다고 좋은 게 아니라는 것, 불필요한 주사는 오히려 몸에 해로울 수 있다는 것을. 처음에는 그저 귓가에 맴도는 소리였지만 조금씩 변화가 찾아왔다. 약을 과다 복용했을 때 생기는 부작용과 같은 약의 중복 섭취에 따른 위험에 대해 지속적으로 설명했다.

시간은 좀 걸렸지만 처방받은 약의 양에 대해 불평하던 목소리가 줄어들었고, 약의 올바른 복용법에 대한 질문이 늘어났다. 어느 날은 평소 주사를 고집하던 할아버지가 병원을 찾아와 먼저 이렇게 말하기도 했다.

"선생님, 이번에는 주사 안 맞아도 되겠어요. 약만 주세요."

의료진들의 얼굴에 미소가 번졌다. 작은 승리였다. 처방전을 건네며 의사가 말했다.

"할아버지, 오늘은 약이 두 알밖에 없는데요…."

"괜찮아요. 의사 선생님 말씀대로 하겠습니다."

약국에서 지어온 여러 봉지의 약을 들고 와서 상담을 요청하는 환자들도 생겼다.

"선생님, 이 약들 제가 먹어도 될까요?"

"이 약하고 저 약하고 같이 먹어도 되나요?"

신뢰란 것이 쌓이기까지 긴 시간이 필요하지만 일단 쌓

이기 시작하면 그 힘이 얼마나 큰 것인지! 환자들은 이제 많은 약이 아닌 필요한 약을 찾아 병원을 방문하기 시작했다.

오래된 관습을 바꾸는 일은 결코 쉽지 않았다. 하지만 진정한 치료는 필요한 만큼의 정확한 처방에서 시작된다는 그 진실을 환자들과 나누는 것이야말로 의료진의 책임이라는 것을 잊지 않은 결과였다.

생명의 갈림길에서

때로는 그 책임이 더 무거운 마음을 만들기도 했다. 아픈 사람을 대상으로 하는 결정은 전적으로 의사에게 달려 있다. 긴급한 순간에 의사의 뇌리를 스치는 1초의 생각이 생사를 가를 수도 있다. 의사의 판단은 머뭇거려서도 안 되고 후퇴도 없어야 한다. 그리고 그 결과가 어떻든 매번 최선을 택해야 하는 중압감도 있다.

"아니 여기서 어떻게 배를 가르고 수술을 합니까? 지금 배 찢어진 거 안 보여요? 우리는 육지로 가야겠습니다. 섬에서 수술은 안 됩니다!"

가장 난감한 상황이었다. 복부 파열로 실려 온 환자의

가족이 육지로의 이송을 강력하게 요구하며 응급처치 이상의 의료행위를 거부하기 시작한 것이다. 그들의 불안은 이해할 만했다. 하지만 의료진들은 알고 있었다. 지금, 이 위급한 상황에서 육지로 가는 것이 얼마나 위험한지를.

"이 시간에 육지로 나가면 위험합니다. 저희를 믿어주세요. 우리가 할 수 있습니다."

그들의 목소리에는 **확신**이 담겨 있었다. 근거 없는 자신감이 아니었다. 최신 의료장비, 수많은 시간 동안 쌓아온 경험, 무엇보다 생명을 지키겠다는 강한 의지가 뒷받침된 자신감이었다.

물론 변수는 무수했다. 하지만 환자를 이송했을 때의 생존 가능성에 의지하는 것보다 이곳에서 신속하게 수술하고 추후 이송 여부를 결정하는 것이 옳다는 건 확실했다. 일각여삼추一刻如三秋인 상황에서 5분이라도 생명을 유지하면 5분어치의 다른 시도를 할 수 있는 기회가 만들어질 수 있으니 말이다.

배수진을 친 의료진들의 설득에 마침내 가족들이 고개를 끄덕였다. 수술은 성공적이었다. 수술 후 환자는 급한 상황을 모면했고 육지로 옮겨졌다. 하지만 그곳에서 딱히 할 것이 없었다. 혹시 생길지도 모를 후유증에 대비해 몇 가지 검사만 더 받고 안정을 취한 후 다시 섬으로 돌아왔다. 환자는 병원으로 감사 인사를 하러 왔다.

"오히려 무리해서 육지로 이송했었다면 가는 도중에 사망했을 가능성이 훨씬 컸을 거라네요. 살려주셔서 감사합니다."

옳은 일에는 때로 고집을 부려야 한다. 그 고집은 원칙에서 나온다. 바둑에는 **정수**라는 것이 있다. 원칙대로 두는 수를 말한다. 인생에도 정수가 있고 **정도**가 있다. 속임수를 써서 당장 이익을 챙길 수 있을지는 몰라도 마지막 승리는 정수를 두고 정도를 걷는 사람이 차지하게 되어 있다.[*]

섬에 깃든 의료진들은 그렇게 매 순간 정도가 무엇인지를 고민하며 환자를 맞이했다. 그런 세월이 쌓이면서 완도대우병원은 노화도의 자부심이 되어갔다. 더 이상 '섬에 있는 작은 병원'이 아니었다. 그곳은 생명을 지키는 등대였고, 희망이었다. 때로는 아픈 이들의 마지막 보루가 되기도 했다.

의료진들은 여전히 가족과 떨어져 지내야 했고, 당직실에서의 밤은 여전히 외로웠다. 하지만 이제 그들은 분명히 알고 있었다. 자신들이 있어야 할 곳이 바로 여기라는

---

[*] 김우중,《역사는 꿈꾸는 자의 것이다》, 북스코프, 2020, 99쪽.

것을. 그들의 헌신이 한 사람, 한 사람의 생명을 지켜내고 있다는 것을. 창밖으로 들리는 파도 소리는 이제 그들에게 다른 의미로 다가왔다. 그것은 고독의 소리가 아니었다. 새로운 아침을 알리는 희망의 소리였다.

섬에 온 의료진들에게 의료는 단순히 질병을 고치는 것이 아니라 인간에 대한 깊은 **이해**와 **공감**이었다. 그들은 노화도에서 그 진리를 배웠다. 최신 장비보다 중요한 것은 환자와 그 가족들의 마음을 이해하는 것이었다.

1980년, 한 작은 섬에 현대식 병원이 들어섰다. 누군가는 그것을 모험이라 불렀고, 또 다른 이들은 기적이라 불렀다. 하지만 그곳에서 일했던 의료진들에게 그것은 사명이었다. 그들이 남긴 발자국은 지금도 노화도의 바닷길 어딘가에 남아 있을 것이다. 파도가 지우지 못하는, 섬사람들의 기억 속에 깊이 새겨진 그들의 헌신으로.

이제 우리는 안다. 의료란 결국 사람과 사람 사이의 이야기라는 것을. 그리고 그 이야기는 서로에 대한 이해와 신뢰 속에서 피어난다는 것을. 노화도의 작은 병원이 우리에게 들려주는 이야기는 바로 그것이다.

곁에서, 옆에서
건네는 마음

안개 속 피어나는 첫걸음

새벽녘, 군도의 작은 섬에 안개가 채 걷히지 않은 시각. 누군가의 자전거 바퀴가 좁은 마을 길을 굴러간다. 바구니 속 체중계와 혈압계가 달그락거리는 소리가 고요한 아침을 깨운다. 간밤의 꿈처럼 피어오르는 바다 안개 사이로 '마을건강요원'의 하루가 시작된다.

'사람의 생명을 살피는 일에는 지름길이 없다'라는 말이 떠오른다. 1979년 하반기, 바다와 바다 사이에 점점이 박힌 섬들과 깊은 산골 마을에서 작은 움직임은 그렇게 시작되었다. 때로는 거친 파도를, 때로는 가파른 산길을 넘어야 했다. 하지만 그 걸음은 한 번도 멈추지 않았다.

1970년대 후반의 우리나라는 급속한 경제 성장을 이루는 한편, 농어촌 지역과 도시 간 격차가 극명하게 드러나던 시기였다. 대도시에는 공장이 들어서고 고속도로가 뚫렸지만, 섬과 산골은 의료는 물론이고, 기본적인 인프라도 턱없이 부족했다. 그곳의 주민들은 사소한 병도 치료받기 어려웠고, 의료진의 존재는 먼 나라 이야기처럼 느껴졌다. 이러한 사회적 상황에서 지역사회 보건사업은 단순히 건강 문제를 해결하는 것을 넘어, 소외된 지역에 대한 국가적 관심과 지원의 상징이었다.

1979년, 파도 소리 가득한 섬마을에서 여섯 곳, 깊은 산자락 아래 자리 잡은 마을에서 다섯 곳, 총 열한 곳의 시범 마을이 선정되었다. 병원에 소속된 보건간호사들이 정기적으로 마을건강요원들을 지도했고, 그렇게 교육을 받은 요원들은 주민들을 직접 만나며 보건 활동을 이어갔다.

이들의 활동은 개인의 건강을 살피는 것을 넘어섰다. 부엌과 화장실 개량 등 보건 환경 개선부터 긴급 환자 후송을 위한 병원 연계까지, 지역사회 보건사업의 범위는 점차 확대되었다. 시간이 지나면서 이 프로그램은 주민들 사이에서 신뢰를 얻었고, 이를 바탕으로 병원은 시범 마을의 수를 점차 늘려갔다.

1980년에는 완도대우병원도 이러한 지역사회 보건사업에 동참했다. 새로운 보건간호사를 채용하고, 네 개의 시범 마을을 선정하며 주민들과의 연결고리를 키워나갔다. 이와 함께 1982년에는 신안, 무주, 완도 지역에서 시범 마을의 수가 스물세 개로 확대되었고, 1983년에는 스물여덟 개로 늘어나며 보건사업은 꾸준히 확장됐다.

"소영 엄마, 우리 어머니 혈압약이 다 떨어져가는데…."

"걱정하지 마세요. 내일 아침 일찍 들를게요. 오늘 저녁엔 짠 반찬은 조금만 드시라고 전해주세요."

이런 소소한 대화 속에서 신뢰가 쌓여갔다. 그들의 노력은 주민들에게 의료서비스를 넘어선, 사람과 사람 사이의 믿음을 심어주었다.

자연과 가장 가까이 있는 사람들은 자연의 변화에 따라 아프기도 한다. 봄은 농번기 질환이 찾아오는 시기였다. 허리를 굽혀 모내기하는 농부들의 관절통이 시작되고, 꽃가루 알레르기로 고생하는 이들이 늘어났다. 어부들은 겨우내 어구들을 손질하느라 손마디 관절 안 아픈 곳이 없는 시기이기도 했다.

"어깨는 좀 어떠세요? 지난번 알려드린 대로 스트레칭은 하셨어요?"

"아이고, 선생님 덕분에 많이 좋아졌어요. 요즘은 아침마다 꼭 합니다."

계절에 변화에 맞춰 먼저 상태를 물어보는 것도 마을건강요원들의 일이었다. 원래 병원에 가면 문진이라는 것을 한다. 어디가 아픈지, 왜 왔는지 기록을 통해 소통하는 첫 단계인데, 병원과 멀리 있는 사람들에게는 이런 일상적인 질문과 대화가 문진의 역할을 하곤 했다.

여름이면 폭염에 대비한 건강 관리가 최우선이었다. 독거노인들의 집을 수시로 방문해 수분은 충분히 섭취하고 있는지 확인했다. 열사병에 걸린(흔한 말로 '더위 먹은') 주민들도 보살폈다. 한평생 고되게 일했던 사람들은 소위 '일에 대한 인이 박혀서' 더위를 더위로 인식하지 못하고, 열사병도 구분하지 못한다. 이럴 때도 먼저 찾아가 질문하고, 그렇게 하지 말라고 잔소리도 하면서 살피는 게 필요했다.

"할머니, 오늘은 얼음 물수건 가져왔어요. 이걸로 목 뒤랑 손목을 식히세요."

"아이고, 고마워라. 안 그래도 어질어질했는데. 덕분에 이 늙은이가 살아 있네."

불볕으로 다글다글 익어가는 여름이 지나가면 가장 많이 몸을 쓰며 육체적으로 무리하는 가을이 왔다. 가을건이와 월동 준비에 관절도, 근육도 성할 날이 없었다. 게다가 변화하는 기온 탓에 그나마 잠잠했던 만성질환이 기승을 부리고, 무엇보다 노인들에게 치명적인 혈압에 적신호가 켜졌다.

"이번 주는 고혈압 교실 열리는 날이에요. 시간 내서 병원 한 번 오세요."

가을걷이가 끝나고 아직 겨울이 되기 전, 섬사람들을 병원으로 보내 전반적인 검진을 할 수 있도록 이끄는 것도 마을건강요원의 몫이었다. 치료보다는 예방에 중점을 두고 섬 곳곳의 '건강 지킴이'를 자처하고 있기에 아픈 곳을 미리 발견할 수 있게끔 유도하는 것이다.

겨울이면 한파 대비가 가장 큰 과제였다. 이때도 마을건강요원은 난방이 취약한 가구를 특별 관리하고 독감 예방접종을 독려했다.

"할아버지, 방이 너무 춥네요. 오늘은 제가 연탄 몇 장 가져다드릴게요."

"아이고, 젊은 사람 고생시켜 미안하네."

지금에야 '사회복지'는 보편적인 개념이지만 1970~1980년대만 하더라도 이에 대한 인식이 많이 부족했다. 특히 낙도오지는 더욱 그런 개념이 뿌리내리지 못한 곳이었다. 그런 섬에서 마을건강요원들은 개개인을 가까이 대면하는 예방의료의 선구자이자 사회복지사였다.

  1980년대 후반으로 접어들며 의료서비스는 조금씩 더 체계화되었다. 단순한 응급처치나 기초 의료를 제공하는 걸 넘어, 예방과 관리에 중점을 둔 프로그램들이 조금씩 도입되었다. 아파서 병원을 방문하기 전에 미리 관리한다는 인식이 사람들에게 싹트기 시작했다. 그럼에도 불구하고 이 시기의 사회적 배경은 여전히 농어촌 지역과 도시의 격차를 좁히는 것이 주요 과제였다. 지역사회의 건강 문제를 해결하는 일은 단순한 복지 정책이 아니라 **지역 발전의 초석**이었던 셈이다.

  특히 주목할 만한 것은 '찾아가는 건강관리' 시스템이었다. 지금에야 어플리케이션으로도 가능하고 주치의 시스템처럼 가정의학과 전문의가 전반적인 건강관리를 도와주지만, 당시만 하더라도 종합적인 관리는 쉬운 일이 아니었다. 첫걸음은 큰 병으로 진행될 가능성이 있거나 집단 발병으로 퍼질 수 있는 질병을 선제적으로 관리하는 것이었다. 결핵, 고혈압, 당뇨병 등을 앓는 만성질환자들을 위한 체계적인 관리가 그것이었다.

  "약속한 날에서 사흘이 지나도록 안 오시면 꼭 찾아가요. 어르신들은 가끔 잊으시거든요."

  엽서, 전화, 가정방문을 통한 밀도 있는 환자 관리가 그렇게 시작되었다. 찾아가는 건강관리와 더불어 부인과 검진 도입은 또 하나의 큰 변화였다. 농어촌 지역에서 소홀히 여겨지던 여성 건강검진이 정기적으로 이루어지기 시작했다.

"처음에는 다들 부끄럽다고 하셨어요. 하지만 한 분이 조기 진단으로 완치되신 걸 보고는 마을 분위기가 확 바뀌었죠."

숨기면서 혼자 끙끙 앓던 것들이 양지로 나오게 되면 그만큼 그 병으로 괴로워하는 사람이 줄어든다. 마치 쌀벌레를 하나하나 잡아 죽이면 시간이 오래 걸리지만, 볕 좋고 바람 솔솔 부는 날에 쌀을 널어놓으면 금세 없앨 수 있는 것처럼 말이다.

그저 머리가 아픈 것이려니, 술 먹으면 나으려니, 방치했다가 목숨을 잃게 만드는 고혈압 역시 주기적인 교육과 관리가 필요한 질병이었다. 고혈압이 불러올 수 있는 각종 뇌 관련 질병도 예방에 초점이 맞춰져 있었다. 주민들은 이를 통해 중풍의 예방과 관리의 중요성을 배우기 시작했다.

물리치료실을 개설하여 과도한 육체적 노동으로 인한 근골격 신경계 통증을 집중적으로 치료하기 시작했다. 이 프로그램은 농어민들에게 큰 호응을 얻었다.

"그물 당기다가 삐끗한 허리, 차가운 바닷물에 장시간 노출된 관절… 우리 마을만의 특별한 통증이 있었어요. 그래서 시작한 게 통증 클리닉이었죠."

변하지 않는 것, 바꿀 수 없는 것

시간이 지나면서 의료기기가 점점 더 발전하고 현대화되었다. 체온계는 아날로그 방식에서 디지털로 바뀌었고, 혈압계도 자동화되었다. 하지만 변하지 않은 것이 있었다. 바로 주민을 대하는 의료인의 **태도**였다.

"요즘은 장비가 좋아져서 편해요. 하지만 그건 도구일 뿐이에요. 결국 중요한 건 환자분과 눈을 맞추고, 손을 잡아드리는 거죠."

환자 기록도 전산화되었지만 마을건강요원들은 여전히 수첩을 손에서 놓지 않았다.

"컴퓨터에는 숫자만 있지만 제 수첩에는 이야기가 있어요. 어르신이 언제 우시고, 언제 웃으셨는지… 그런 게 다 적혀 있죠."

마치 친부모를 돌보듯 구석구석 세심하게 적은 수첩은 의무와 책임만으로는 구성될 수 없는 귀한 것이었다. 관심이 없다면 유지될 수도 없는 그 마음이 마을의 구석구석을 다니는 의료인들의 수첩에 짙은 흔적으로 남았다.

지역사회 보건사업이 이렇게 발전해오는 과정은 의료체계의 변화만을 의미하지 않았다. 그것은 사람과 사람을 잇는 관계를 형성했고, 그 속에서 공동체가 건강과 행복을 찾아가는 과정을 보여주었다.

"예전엔 이런 게 병원에 있다고는 꿈에도 몰랐어요. 그저 아프면 참는 게 다였죠. 그런데 이제는 누군가 우리를 위해 여기에 있다는 걸 느낍니다."

환자의 고통을 덜어주는 일은 육체적 치료를 넘어 삶의 질을 높이고 새로운 가능성을 열어주는 일이었다. 이웃을 돌보는 과정에서 의료진은 그들의 사명감뿐 아니라 삶의 의미를 다시금 되새길 수 있었다.

삶이란 무수히 많은 작은 연결고리로 이루어져 있다. 때로는 골목길을 달리는 자전거 바퀴, 때로는 환자를 찾아가는 한 사람의 발걸음. 이 모든 것이 모여 **더 나은 내일**을 만들어간다.

더 나은 내일은 숫자로 증명되기 시작했다. 1990년 말, 시범 마을은 쉰다섯 곳으로 늘어났다. 섬과 산골 곳곳에 희망의 등불이 켜진 것이다. 하지만 숫자보다 더 중요한 것은 질적 성장이었다.

"처음에는 반신반의하셨던 분들이 이제는 먼저 찾아오세요. '선생님, 이것 좀 봐주세요' 하시면서요."

현대식 병원이 들어서고 의료체계가 정교해진 이후 차츰 사라진 마을건강요원이지만, 지금 우리에게 정말 필요한 건 이런 사람들이 아닐까. 첨단 장비로도 대체할 수 없는 것, 그것은 바로 따뜻한 인간의 손길이기 때문이다.

"우리가 하는 일이 때론 버겁고 힘들지만, 그만큼 보람된 일도 없어요. 한 분 한 분의 건강한 미소가 우리의 보상이니까요."

조용한 아침, 안개 피어오르는 바닷가 마을에 여전히 누군가의 자전거 벨 소리가 울리는 것만 같다. 그 소리는 오늘도 우리에게 속삭인다. 진정한 의료란 결국 사람을 향한 따뜻한 마음에서 시작된다고. 의료체계가 발달한 오늘날에도 그들이 보여준 **이웃을 돌보는 마음**의 가치는 여전히 빛난다.

3부

다정함의 바다 가운데

뜨거운 여름은 성장하고 익어가는 계절이기도 하지만 몹시 치열한 시간이기도 하다. 활력 가득한 가운데 자칫 세세한 것을 놓치고 갈 가능성이 생기는 때인 것도 이 치열함의 틈바구니가 만든 균열일지 모르겠다.

뜨거움 다음에는 꼭 식어가는 시간이 이어지는 게 세상의 순리다. 하긴 끝없는 뜨거움이라 해서 그게 어디 좋기만 할까.

사람의 마음은 얇고 여려서 활활 타는 열기에 화르르 떨렸다가 또 금방 파르르 식어버리기도 한다. 마치 끓어 올랐다가 훅 식으며 쨍하고 금이 가는 냄비처럼.

그래서 지독한 열정으로 달아올랐다는 말은 곧 다가올 냉각의 시간을 맞이해야 한다는 경고이기도 하다. 물론, 당시에는 모른다. 한 치 앞도 모르는 게 우리니까. 그래서 종종 진짜 감사해야 하는 때를 놓치는 어리석은 사람들이니까.

섬사람들에게 육지는 동경이기도 했지만 원망이기도 했고, 때로는 많이 고맙기도 하면서 가끔은 서운하기도 한 그런 존재였다.

문을 열다,
열매를 맺다

모든 꿈은 소중하니까

1980년대 초, 한국의 교육 현장은 격변의 시기를 겪고 있었다. 중앙교육평가원(한국교육과정평가원의 전신)의 자료에 따르면 당시 중학교 진학률은 73퍼센트, 고등학교 진학률은 겨우 40퍼센트에 머물렀다. '공부를 해야 앞날이 열린다'는 말이 마치 주문처럼 읊어지던 시절이었다. 특히 산업화의 물결이 도시로만 몰리면서 섬과 농촌의 교육 환경은 더욱 열악해졌다.

"공부는 무슨, 그냥 일 배워."

공부하고 싶다는 아이를 주저앉히며 툭 던지는 그 말은 어쩌면 부모의 진심이 아니었을지도 모른다. 그 말에는 가난과 지리적 고립이라는 이중의 벽 앞에 선 절실함이 묻어 있었다. 바닷가에 앉아 숙제하는 아이들의 모습은 마치 그림 같았지만, 그 그림에서는 보이지 않는 아픔이 있었다.

1982년 문교부(교육부의 전신)의 통계는 충격적인 현실을 보여준다. 도서벽지 중학생이 도시로 옮겨 학업을 이어나가는 비율이 고작 12퍼센트라는 것. 섬 아이들의 꿈은 바다 너머에 닿지 못하고 있었다. 역설적이지만 이런 곳일수록 교육은 더욱 절실한 희망이었다. 한국교육개발원의 연구 보고서에는 '도서벽지 학생들의 학습의지가 도시 학생들보다 오히려 높게 나타난다'고 분석한 자료도 남아 있다.

"우리 섬이 살리면 공부한 사람이 필요해. 누군가는 돌아와야 해."

섬 아이들을 공부시키기로 결심하고 그들을 지원하기로 한 데에는 이런 생각이 깔려 있었다. 그들은 알고 있었다. 교육이야말로 섬의 미래를 바꿀 수 있는 유일한 힘이라는 것을. 섬 아이들이 공부해서 의사가 되고, 교사가 되고, 기업가가 되어 돌아온다면, 섬은 더 이상 고립된 곳이 아닐 것이란 믿음이 있었다. "교육은 빈곤의 대물림을 끊는 가장 강력한 도구다"라는 말이 있다. 넬슨 만델라Nelson Mandela가 한 이 말은 어쩌면 대우재단이 장학사업을 시작한 배경과 가장 근접한 말이 아닐까.

처음에는 낙도에 의료시설을 만들어 두 개의 축(의료사업, 보건사업)을 구축하며 사업을 시작했지만, 현지의 열악한 교육 환경을 알게 되면서 장학사업을 추가한 것이다. 아픈 것을 치료하는 것도, 아프기 전에 예방하는 것도 중요하지만 무엇보다 그 지역에 뿌리를 내리고 살아가는 사람의 토대를 튼튼하게 만드는 것이 중요하다는 생각 때문이 아니었을까.

즉, 교육이야말로 개인은 물론이고 사회를 발전시키는 토대라는 신념으로 만들어진 것이 장학사업이었다. 그렇게 110명의 아이들이 첫 장학생으로 선발되었다. 이들 장학생은 신안의 작은 섬에서, 진도의 외딴 포구에서, 무주의 깊은 산골에서, 배움에 대한 열정을 품은 채 무럭무럭 자라기 시작했다.

"선생님, 정말 제가 장학생으로 뽑혔나요?"

"그래, 네 실력을 인정받은 거야. 이제 더 멀리 날 수 있겠구나."

"어머니가 아시면 정말 기뻐하실 텐데… 어제도 늦게까

지 김 손질하시느라….″

이 대화는 장학금 수여를 넘어선 깊은 의미를 담고 있었다. 섬과 산골 마을의 아이들에게 '**너희들의 꿈은 소중하다**'는 메시지를 전하고 있기 때문이다. 배움은 아이들에게 생존 이상의 가치를 갖고 있었다. 그것은 더 넓은 세상으로 향하는 문이었고, 이 문을 활짝 연 것은 대우재단이었다.

뻗어가는 뿌리와 가지

″한 아이를 키우려면 온 마을이 필요하다″라는 아프리카 속담처럼, 장학사업은 점차 지역사회 전체의 관심사가 되어갔다. 장학생들의 선발은 장학금을 주는 재단뿐 아니라 지역의 교장, 교감, 읍면장이 함께 선발하기 시작했다. 실정을 가장 잘 아는 사람들이 참여하기 시작한 것이다.

″이장님, 저 집 막내가 공부를 참 잘하는데….″
″알지. 어제도 새벽 배 타기 전에 책 읽는 걸 봤네.″
″우리가 조금만 도와준다면 저 아이가 나중에 마을의 자랑이 될 거예요.″

지역인사들은 성적표 너머에 있는 이야기를 알고 있었다. 누구의 부모가 풍랑 속에서도 고기를 잡는지, 어느 집

아이가 새벽부터 일어나 동생을 돌보는지, 누가 정말 간절히 배우기를 원하는지.

이러한 변화는 장학사업의 손길이 닿는 곳을 더 넓고 깊게 만들었다. 이제 장학금은 단순히 학비를 지원하는 것을 넘어 지역사회의 **공동체 정신**을 강화하는 도구로 자리 잡았다. 1980년대 초반, 장학사업은 더욱 체계적으로 발전해갔다.

"교육은 우리가 세상을 책임질 만큼 충분히 세상을 사랑할지를 결정하는 지점"*이라고 했던 한나 아렌트Hannah Arendt의 말처럼, 또 "천 리 길도 한 걸음씩 걸어서 간 길"이라고 했던 노자老子의 말처럼, 장학사업은 다음 세대를 위한 가장 가치 있는 첫걸음이었다. 섬 아이들을 육지로 보내고, 그들이 다시 섬으로 돌아와 변화의 주역이 되길 바라는 마음이었던 것이다. 그래서 장학사업은 학비 지원을 넘어 지역사회의 미래를 설계하는 작업이었다.

1984년에 장학사업은 또 하나의 의미 있는 걸음을 내디뎠다. 간호과 학생들을 위한 특별한 프로그램이 시작된 것이다. 이는 의료와 교육이 어우러진 지혜로운 선순환의 시작이었다.

---

* 조나영, 〈한나 아렌트 '탄생성'의 교육적 함의〉, 고려대학교, 2015.

이렇게 시작된 프로그램으로 1990년까지 열한 명의 간호사가 탄생했다. 그들은 그저 평범한 의료인이 아니었다. 지역의 언어를 알고, 주민들의 생활을 이해하며, 그들의 아픔을 진심으로 공감할 수 있는 특별한 간호사들이었다.

"장학금이라고 해서 그냥 아무나 주지 않았어요. 진짜 인재를 만들겠다는 목표가 있더라고요. 대우 장학금 받으려면 최소 전교 3등 안에는 들어야 했어요. 그리고 장학금 받고 간호대학을 가도 대우병원 근무가 의무는 아니었고요. 아, 권고 사항이기는 했죠. 그래도 해보고 싶었어요. 기회잖아요."

완도대우병원에서 1991년도부터 근무했던 이 간호사는 장학금에 대해 얘기하며 당시의 기억을 더듬었다.

"사실 집안 사정만 아니면 오래 하고 싶었죠. 원장님도 너무 좋고, 기숙사도 있고, 점점 더 병원이 좋아지던 시기거든요. 사실 그렇게 발전하는 시절에 잠시나마 함께했다는 것도 제게는 좋은 기억이에요."

사실 이 간호사뿐 아니라 당시 장학금의 수혜자였던 사람들은 십수 년이 지난 후에도 그때의 기억을 감사함으로 가지고 있다.

진정한 교육의 가치는 수십 년이 지난 후에야 알 수 있다고들 말한다. 1979년부터 2000년까지 펼쳐진 장학사업이 맺은 열매들은 오늘날 곳곳에서 발견된다. 어떤 이는 의사가 되어 환자들을 돌봤고, 어떤 이는 선생님이 되어 제자들을 가르쳤다. 간호사가 된 이들은 주민들의 건강을 책임지고, 농수산 전문가가 된 이들은 지역산업의 발전을 이끌었다. 그들은 모두 자신이 받은 사랑을 다시 고향에 돌려주었다.

중국 철학자 관중管仲은 "한 해 계획을 세우려면 곡식을 심고, 십 년 계획을 세우려면 나무를 심고, 백 년 계획을 세우려면 인재를 키워라"고 했다. 1979년에 시작된 장학사업은 바로 이 '백 년 계획'이었다.

오늘날 우리가 보는 건강한 지역사회의 모습 속에는 40년 전 누군가가 뿌린 작은 씨앗들이 숨어 있다. 그것은 교육과 의료가 만나 피워낸 아름다운 결실이며 우리가 함께 만들어낸 희망의 이야기다.

그 삶 자체로 보은하는 것

어떠한 지원을 하고, 그 지원에 대한 반응이 있기를 바라는 건 사람이라면 누구나 가질 수 있는 마음이다. 되로

주면 말로 받기도 하는 게 세상의 모습 아니던가. 하지만 고전에는 이런 말도 있다. 《명심보감》의 〈존심편存心篇〉에 나오는 구절이다.

시은물구보施恩勿求報 여인물추회與人勿追悔

'은혜를 베풀고 보답을 바라지 말며, 남에게 주고 후회하지 말라'는 뜻으로, 베풂 자체에 의미를 두라는 가르침이다. 우리는 부지불식간에 다양한 사람들에게 많은 은혜를 입고 살아왔다. 자신의 몸을 던져 적에게 달려들었던 선조들이 없었다면, 낮과 밤은 물론 개인의 삶을 희생한 채 산업 전선에서 뛰었던 기업인들이 없었다면, 자신의 이익은 뒷전이고 전 재산을 내놓아 후학을 양성하고 돌봄이 필요한 곳에 기꺼이 헌신했던 선구자들이 없었다면, 지금 우리가 누리고 있는 삶은 없었을지도 모른다.

민족과 나라만 생각했던 지독한 민족주의자들이 어쩌면 지금 이 삶의 터전을 만들어낸 것일 테다. 아이러니하게도 지금 이 시절을 누리고 있는 우리 중 그 누구도 그들을 찾아가 감사 인사를 건네고, 그들의 삶을 기억하려고 힘쓰지 않는다. 그분들 역시 우리에게 굳이 인사받을 생각을 하지는 않을 것 같다. 그저 그 시절에 할 수 있는 일을 하였으니 괜찮다고 여기며.

 섬 아이들에게 장학금을 주고 공부를 시켰던 건 그들이 섬으로 돌아와 덜 외로운 섬을 만들어주길, 이곳의 든든한 기둥이 돼주기를 바란 마음에서였다. 하지만 돌아온 사람은 없었다. 섬은 여전히 외로웠고 떠날 사람에게는 미련이 없었다. 그들이 걸어간 새로운 길은 섬의 방향과는 멀어져 있었다. 처음에는 허탈했을 것이다. 베푼 것이 부질없게 느껴졌을지도 모른다. 사람은 왜 이렇게 쉽게 잊는가, 왜 약속을 지키지 않는가. 분명 마음 한구석에는 쓸쓸함이 남았을 것이다.

 그러나 어느 날 문득 깨달았을지도 모르겠다. 그들에게 베푼 것은 은혜가 아니었고, 당시에 할 수 있었던 가장 민족적인 선택이었다고 말이다. 필요해서 한 일이고, 기뻐서 한 일이었으니 그 자체로 충분했다. 베풂이란 은혜를 갚으라는 거래가 아니다. 그저 주어진 순간에, 필요한 사람에게, 내가 가진 것을 나누는 것이다. 그거면 된다.

 은혜를 갚는 일은 그들의 몫이 아니다. 오히려 그들이 새로운 세상을 살아가고 있다는 사실만으로도 충분하지 않을까. 그들의 성공이 곧 섬의 성공이니 말이다. 돌아오지 않는다는 것은 어쩌면 그들이 더 넓은 세상에서 넉넉히 살아가고 있다는 증거일지도 몰랐다.

베푸는 일에는 그 행위 자체 외의 목적이 없어야 한다. 그저 선물처럼, 따스한 바람처럼 흘러가야 한다. 바람이 지나간 자리에는 흔적이 남지 않지만, 바람이 닿았던 순간의 기쁨은 사라지지 않는다. 섬에 부는 바람처럼 베풂도 그랬다.

섬은 여전히 외롭지만 돌아오지 않는 약속을 기다리지 않는다. 베푸는 것으로 그만이다. 그것으로 충분하다는 것을 이제는 잘 안다.

돌아오지 않은, 돌아오지 않을

장학사업은 '인재 부메랑'을 도모했다. 섬에서 자란 아이들이 나름의 경력과 능력을 쌓은 후 다시 고향으로 돌아와 봉사하는 삶을 살 수 있게끔 하는 선순환 구조를 만드는 것. 그게 장학사업의 가장 큰 목표였다.

하지만 그 목표를 이루기에는 장학사업이 백년대계로 이어지지 못했고, 장학생들은 다시 섬으로 돌아올 이유를 찾지 못했다. 원했던 결과는 가져오지 못했지만 장학사업은 나름의 성과를 만들어냈다. 한 아이에게라도 배움의 길을 열어줬다는 것. 무엇보다 소중한 성과였다. 바람이 불어 반드시 무언가를 부러뜨리거나 우수수 떨궈야 바람의 역할을 다 한 것은 아니다. 그저 한 줄기 청량감만 전해줘도 바람은 제 역할을 한 셈이다. 장학사업이 그러했다.

처음 병원을 세웠던 것도, 장학사업을 했던 것도 기업의 이윤을 사회에 환원한다는 목표 아래 이뤄진 것이었다. 어쩌면 '은혜 갚기'라는 프레임 자체가 처음부터 없었던 것일지도 모르겠다. 오히려 그 아이들이 새로운 세상을 잘 살아내고 있다면 그것만으로도 충분하다. 어쩌면 그들의 성공이 곧 섬의 성공이고, 고향에 돌아오지 않는다는 건 더 넓은 세상에서 더 큰 날개를 펼치고 있다는 증거이기도 했다.

장학사업 초기에 장학금을 받았던 한 학생은 이런 말을 전했다. 세월이 훌쩍 지나 머리가 희끗했지만, 당시 벅찼던 마음은 그 시절 까까머리 소년의 모습을 고스란히 간직한 채 전해져왔다.

"아버님은 3남 4녀 중 장남이었어요. 가난했죠. 게다가 큰삼촌은 정신병으로 병원에 갇혀 계시고, 셋째 삼촌은 군대에서 사고로 눈이 멀어버렸고요. 할머님, 할아버님이 세상을 뜨시고 고생만 하시던 아버지도 제가 중학교 3학년 때에 돌아가셨죠. 그때 그 장학금 없었다면, 저는 아무런 꿈도 없이 운명만 비관하는 사람으로 늙었을 겁니다."

당시 섬에 왔던 의사들이 너무 멋있어서 의사가 되겠다는 꿈을 품었노라며 웃는 그는 그 장학금이 열심히 살게끔 하는 장작불이었다는 말을 덤덤히 전했다.

"'하늘은 스스로 돕는 자를 돕는다'라는 말이 진짜 이뤄진 거 같았어요. 사람들이 왜 요즘에 큰 행운을 만나면 '로또 맞은 거 같다'고 하잖아요? 그때 내 기분이 딱 그랬어요."

그는 장학금이 금전적 지원을 넘어선 희망의 상징이었다며, 힘들 때마다 그때의 기억이 헛디딜 뻔한 발걸음을 몇 번이고 잡아주었다고 했다.

그러니 어떤가. 그가 비록 어렸을 때 꿈처럼 섬으로 돌아와 의사가 되지 않았더라도 괜찮지 않은가. 적어도 한 사람이 희망을 품고 세상을 살았고, 몇 번이고 실족할 위기를 넘겼으니 장학사업은 나름의 소명을 완수한 것이 아니었을까.

병원의 색깔은
섬색

가까이 보면 보이지

"됐어요. 그 큰 병원에서도 뭔 병인지 모르겠다는데 여기서 뭘 안다고."

"그러지 말고 우리 검사 몇 개만 더 해봅시다. 손 한 번 더 올려보실래요?"

"어휴, 검사는 또 무슨. 내가 지금까지 검사받은 돈만 모았어도 배에 페인트칠 한 번은 더 했겠어요."

사람이 살면서 가장 힘든 순간은 언제일까. 누군가는 노력이 무너졌을 때, 누군가는 마음이 배신당했을 때 힘들어한다. 원하던 것이 틀어졌을 때도 힘들고, 사랑하고 추앙하던 것을 잃었을 때도 힘들다고 표현한다.

노력은 뒤늦게, 작게라도 보상이 주어지고 배신은 또 다른 보은으로 치유된다. 원하는 것은 바뀔 수 있고 사랑은 또 찾아온다. 즉, 당장은 힘들어도 그 고난을 이겨낼 방법이 있고, 그런 삶의 대체재가 있다는 것이다. 하지만 희망이 사라진 자리는 다른 것으로 메우기가 참 힘들다.

"어떡하지"

"이 죽일 놈의 팔자."

"할 수 없지."

이런 체념이 무서운 건 정체 때문이다. 사람이 살아가려면 어쨌거나 어디론가 나아가야 한다. 후퇴도 전진을 위한 작전이라고 하지 않는가. 모로 가도 서울만 가면 된다고도 하지 않는가. 옆으로 가든 뒤로 가든 움직임은 다음 길을 연다. 그런데 희망이 없는 사람은 그 어떤 움직임도 없이 그냥 그 자리에 식물처럼 머물러 있다. 아니, 차라리 식물이 낫다. 식물은 바람이 불면 흔들리기라도 하니까.

희망을 잃은 사람들의 등에는 늘 죽음과 같은 색의 그림자가 매달려 있다. 세상은 그걸 체념이라고 부른다. 슬프게도 체념은 전염이 되고, 늪처럼 감정을 걸쭉하게 만들어 사람을 끌어안는다. 그래서 체념하는 사람들을 다시 제자리로 끌어올리는 데는 몇 배의 에너지가 소요된다.

　병원은 그런 체념의 기운을 가장 자주, 가장 많이 마주하는 장소 중 하나다. 특히 다른 곳에서 희망이라고는 작은 씨앗조차 품을 수 없을 만큼 절망적인 얘기를 들은 환자가 찾아오면 그 정도는 더 심해진다.

　섬에 있는 병원은 육지의 병원보다 시설도, 의료진의 수준도 낙후되어 있다고 편견을 가진 사람들이 많다. 자신들이 그 혜택을 누리고 있음에도 불구하고 기본적으로 가지고 있는 기묘한 패배의식이 있는 까닭이다. 싸우기도 전에 이미 져버리는 마음. 제대로 된 혜택을 누려본 적이 없는 경우에 체념은 더 빠르게 다가온다. 그런 상황에서 육지의 큰 병원이 손 놓은 병을 다시 보자고 하면 "그럽시다" 흔쾌히 답하는 환자가 몇이나 될까?

　당연히 쓸데없는 짓 한다고 무시했고, 어떤 이는 돈 벌려고 괜히 한 번 더 찔러보냐는 아픈 말까지 내뱉었다. 하지만 그런 오해는 풀면 그만이고, 던져진 매서운 말은 땅에 떨궈버리면 그만 아니겠는가. 의사는 그저 환자를 돌봐야 한다는 마음이 포기를 모르게 만들곤 했다.

　"돈 안 받을게요. 한 번만, 딱 한 번만 좀 봅시다."

　마치 우는 아이를 달래듯 그렇게 검사를 하고 나면 얼마 되지는 않지만 의료진이 모두 모여 심도 있게 논의한다. 그때만큼은 유럽 어느 나라의 의료계 석학들이 모인 토론 현장이 부럽지 않을 정도로 모두가 뜨거워진다.

"이거, 간단하게 수술하면 낫겠는데요?"

아마 의사에게 가장 짜릿한 순간이 아닐까. 놀란 환자의 눈, 그 너머에 슬며시 흘러가는 희망의 빛 한 줄기. 어쩌면 지금도 음지에서 자기 몸 불살라가며 의술에 매진하고 있는 수많은 의료진은 그 빛 한 줄기를 보기 위해 땀을 흘리고 있는 것일지도 모르겠다.

'나, 이 사람 살릴 수 있겠다.'

'이 사람, 건강해질 수 있겠다.'

이러한 확신의 희열이 도장처럼 쾅 찍혔을 때, 비로소 의료인다움을 느끼지 않을까.

"수술이요? 간단하게? 아닌데, 나을 수 없다고 했는데."

"아, 그렇게 판단할 수도 있어요. 그런데 지금 엑스레이 판독도 다시 해보고 검사 결과들도 종합해서 저희가 의논했는데, 좀 다른 방향으로 생각할 수도 있는 증상이라. 저희 믿고 한번 해보시죠."

가장 깊은 곳이어서 차마 혼자 나올 용기도 마음도 없을 때 들려오는 "믿고 한번 해보시죠"라는 말은 듣는 사람의 등을 꼿꼿하게 만든다. 척추 잃은 사람처럼 흐물흐물 내려앉았던 몸을 곧추세워 다시 세상을 향해 뛰어가게 만드는 말이니까.

"아니, 그 큰 육지 병원에서도 몰랐던 걸 어떻게 아셨을까!"

때로 감사하고 반갑다는 말은 살짝 어긋장처럼 질문으로 나올 때가 있다. 믿기지 않은 상황에 놓인 환자 대부분이 그렇게 말하곤 했다. 그러면 무심히 농담처럼 우리가 더 똑똑해서 그렇다던가 실력이 더 좋아서라며 대답했지만, 묻는 사람도 대답하는 사람도 정답을 알고 있다. 원래 애정을 갖고 들여다보는 만큼 깊이가 생긴다는 걸. 그 깊이는 지식과 경험을 이기는 것이어서 상대에 대한 진심을 갖고 얼마나 성의있게 보느냐에 따라 달라진다.

이미 섬사람들은 의료진에게 '그냥 환자'가 아니었던 것이다. 이 고립된 지역에서 나와 함께 땀 흘리는 이웃이고, 가족이었으니 그만큼 더 들여다보고 애정을 가질 수밖에 없지 않았겠는가. 그리고 희망을 잃은 한 사람이 또 세상을 향해 일어서는 기회가 왔다. 의술 아닌 **인술** 덕에.

이곳에 병원이 있다는 건

희망을 잃고 절망에 빠져 포기한 사람만큼이나 의료진의 마음을 애타게 하는 건 마지막 남은 동아줄로서 이곳을 찾은 절박한 사람들이었다.

특히 바람이 많이 부는 밤이면 알 수 없는 긴장감이 섬 전체를 에워싸곤 했다. 별일이 일어나지 않는 날이 더 많음에도 불구하고, 모든 세포가 위험에 대한 경보를 울리듯 자연스레 찾아오는 긴장은 주민도, 의료진도 어쩔 수 없었다.

밤의 바다는 깊고, 섬은 고요하다. 그 고요함 속에서도 삶은 끊임없이 흔들린다. 특히 섬에서의 하루는 예측 불가능하고, 특히 병원을 중심으로 돌아가는 긴박한 순간들은 평범한 날들 사이로 깊게 파고들었기에.

그날도 어김없이 바람이 많이 불던 날이었다. 막 위경련 환자를 치료하고 의료진들이 한숨 돌리려는 찰나, 멀리서 들어도 급한 게 분명한 타이어 마찰음이 들려왔다. 곧이어 병원 문이 부서질 듯 열리며 한 떼의 사람들이 우르르 들어왔다. 모두 작업복 차림이었고 비와 바닷물에 젖어 있었다. 그리고 그들 사이에 딱 봐도 심각해 보이는 환자 하나가 있었다. 작업 중 갑자기 불어온 바람이 날카로운 기구를 움직여 복부를 찌른 것이었다. 병원에 도착했을 때 그는 거의 의식을 잃은 상태였다. 노화도 사람들은 아니었고, 조업을 하다가 다친 터라 가장 가까운 곳에 있는 병원을 찾아온 사람들이었다.

"헬기도 안 뜨고, 여기까지도 간신히 왔어요."

"어떡해 피가 너무 나는데…."

이미 동료들은 반쯤 정신을 놓은 모습이었다. 누군가가 다치는 모습을 눈앞에서 본 사람들은 다친 사람만큼이나 큰 충격을 받는다. 저 사람이 아니면 내 일이었을 수도 있다는 공포가 현실적으로 다가오면서 반쯤 현실에서 이탈한 상태가 되는데, 그들이 딱 그랬다. 게다가 사고라는 건 정말 순식간에 오는 것이어서 아무리 철저히 대비한다고 해도 벌어지는 것 아니던가.

"그나마 여기에라도 병원이 있었으니 망정이지. 안 그러면 배에서 꼬박 피만 흘리다 초상 치를 뻔했어요."

불안한 눈빛을 애써 감춘 동료의 말을 뒤로하고 의료진들은 급하게 환자에게 달라붙었다. 일단 상태는 심각했다. 내장 손상뿐 아니라 복강에 피도 가득 차 있는 상태였다. 복강의 피를 빼는 것도 문제지만 다량의 출혈로 인해 수혈도 시급했다. 개복 수술과 응급수혈을 동시에 진행해야 했다. 시간이 없었고 의료진들은 순식간에 움직였다. 절개를 시작하며 출혈 부위를 확인하는 동안, 수술실에는 침묵과 긴박함이 동시에 흘렀다.

몇 시간에 걸친 수술 후 기적처럼 봉합이 끝났다. 그 긴 시간 동안 환자의 동료들은 복도에서 서성이다 주저앉아

신을 향해 기도하기도 했고, 고단한 몸을 바닥에 잠시 누이기도 했다. 병원 사람들은 그들을 살피며 다치거나 치료받아야 할 곳이 없는지 살폈다. 그렇게 하루가 흐른 후 환자가 눈을 떴다. 배에 상처는 남았지만 살아난 것에 비하면 그 상처는 아무것도 아니었다.

"살아 있다는 게 이렇게 무거운 일일 줄 몰랐습니다. 그러나 무거운 만큼 소중하다는 것도 알았습니다."

"여기에 병원이 있다는 건 정말…."

뒤늦게 연락을 받고 온 환자의 가족들은 안도의 한숨과 함께 환자의 손을 꼭 잡고 병원을 둘러보았다.

"이 병원, 누가 지었습니까?"

"왜요, 감사 인사라도 하시게요?"

환자의 어머니인 듯한 노인은 두리번거리다 간호사에게 물었고, 간호사는 웃으며 대답했다. 할머니가 진심 어린 목소리로 대답했다.

"해야죠. 내가 절이라도 올려야지. 생때같은 자식 잃을 뻔한 걸 살려줬는데. 해야지."

"이 병원 만드신 분은 저 멀리 서울에 계세요. 그리고 아마 감사 인사받으려는 생각으로 세운 거 아니실 거라 마음은 전달될 거예요."

사실 간호사로서는 그 말 외에 더 할 말은 없었다. 하지만 나이가 들어도 자식은 자식이니, 팔순 노인이 감사 인사를 하고 싶다는 말이 더할 나위 없는 진심이었다는 걸 알았을 터였다.

"저기가 서울 방향인가?"

마음은 전달될 거라는 말을 듣고도 두 손을 모으고 머뭇거리는 할머니를 보며, 간호사는 한 번 더 성의있게 주변을 둘러보다 서울이 있는 쪽을 가리켰다. 그러자 할머니는 두 손을 곱게 모으고 허리를 숙여 그곳을 향해 인사를 했다. 정말로 그 방향에 있는 누군가가 인사를 받아주었으면 좋겠다는 진심이 굽은 허리에서 오롯이 느껴졌다.

배가 뚫렸다고는 생각하기 어려울 정도로 환자의 회복은 빨랐다. 그는 퇴원하고 열흘 뒤, 외래진료를 오면서 두 손 무겁게 과일과 생선을 들고 병원을 들어섰다.

"아이고, 이런 거 안 가져오셔도 됩니다. 할 일 한 건데. 그리고 이런 거 받으면 원래 안 되는 거예요."

"뇌물이나 안 받으면 되지! 이건 감사인데 뭐가 문제래요?"

"아이고, 안 하셔도 된다니까."

"내가 이거 안 드리고 오면 우리 노모가 와서 직접 드릴 거니까, 그 할머니 여기까지 오게 할 거면 받지 마시고."

반협박처럼 먹거리를 안기고 사라지는 환자는 비단 그

사람만이 아니었다. 이제는 병원 앞마당에서 공도 차고, 의사들을 삼촌, 큰아빠처럼 따르며 어리광을 부리는 열 살 사내아이도 툭하면 자기 먹을 것도 모자랄 텐데 과자며 과일을 주섬주섬 챙겨서 병원에 오곤 했다.

아직 갈 때가 아니야

그날도 밤이었다. 비가 너무 많이 와서 앞이 안 보일 정도였고, 중간중간 내리치는 거대한 천둥 번개가 심장을 쿵쿵 찧는 것처럼 무서운 날이었다. 그 비바람을 뚫고 밤늦게 병원에 도착한 아이는 온몸이 불덩이 같았다.

"온도가 40도를 넘었어요. 계속 까무러쳐요."

아이 엄마가 울먹이며 말했다. 열에 시달리던 아이는 열성 경련이 의심될 정도로 몸을 떨고 있었다. 의료진은 바로 찬 물수건을 준비하고 아이의 이마와 목, 겨드랑이에 댔다. 해열제를 계속 줬지만 열은 떨어질 기미가 보이지 않았다. 별수 없이 밤새 의사와 간호사들이 교대로 아이를 지키기 시작했다. 수액과 해열제를 투여하면서 지속적으로 상태를 확인하고, 고열로 인한 탈수를 막기 위해 아이를 달래 입을 축여주기도 했다. 아이는 몇 번이나 까무러칠 뻔했지만, 그때마다 의료진은 그를 붙잡았다.

"어서 일어나서 축구해야지."

"자, 이것만 한 번 더 맞고 힘내보자."

마치 아이를 향해 기도하듯 몸을 문지르고 달래며 아이를 보살피기를 수 시간, 새벽이 되자 아이의 체온이 서서히 내려갔다. 눈도 못 뜨던 아이가 눈을 뜨고 엄마를 부르기 시작했다.

"엄마, 나 배고파."

그 모습을 보며 밤새 한숨도 못 잤던 의사가 의자에 앉으며 아이의 머리 위에 손을 얹었다.

"배고프다 하는 거 보니 다 나았네. 애썼다."

뜬눈으로 밤을 지새운 엄마가 긴장이 풀려 펑펑 울기 시작했다. 그걸 달래는 것도 의료진의 몫이었다.

"아우 쟤는 대체 뭐가 되려고. 아니 지난번에는 손가락 골절로 오고 그전에는 또 뭐였지… 감기가 폐렴 돼서 오고. 이제는 하다 하다 열이 안 떨어져서 오고. 어휴 진짜."

"거, 우리 병원에서 태어날 때부터 유난스러웠어. 기억 안 나요?"

"왜 기억이 안 나요! 그걸 어떻게 잊어요. 그때 계셨던 선생님이 진짜 너무 애쓰셨죠. 예정일 지났는데도 안 나오더니… 진짜 지 아빠도 집에 없고 할머니, 할아버지도

다 육지 갔을 때 진통이 와서….”

"어머니 혼자 애쓰셨지."

"쟤는 하여튼 이 병원이 살린 애예요. 아휴."

"쟤만 살렸나 뭐, 쟤 삼촌도 살렸지."

알고 보니 열로 고생했던 그 아이의 삼촌 역시 병원이 없었으면 큰일 날 뻔했던 사람 중 하나였다. 섬이든 육지든 병원이 생기면 가장 많은 도움을 받는 이는 아이들과 그 엄마들이었다.

술이 웬수? 고집이 웬수

분명 날도 좋고, 바람도 안 불고, 배도 잘 뜨는 날이었다. 이런 날 병원은 오래간만에 숨을 돌린다. 입원실도 한가해서 모처럼 모든 빨래를 싹 걷어다가 빨아 널고 주변 정리를 하던 참이었다. 매 순간 바쁘게 돌아가고 긴급한 경우가 허다하지만 가끔은 이렇게 선물 같은 순간도 있다. 병원 건물 옆 보일러실도 간만에 문을 활짝 열고 환기를 하며 청소를 시작해서 어쩌다 보니 의도치 않게 대청소하는 날이 되었다.

"어휴, 내가 배에 이 보일러 싣고 온 사람이야. 대체 이

걸 어디다 쓰나 했었지."

"그랬겠어. 이 큰 게 뭔 소용이 있나 싶었을 테니까."

"보일러뿐이야? 발전기도 어이없었어. 아니 섬을 다 밝힐 것도 아니고 이렇게 용량 큰 게 왜 필요한가 했는데."

"옮기면서 아주 전전긍긍했어. 워낙 비싸야 말이지."

처음에는 병원을 짓는 자재를 나르는 것을 도왔다가 환자로 병원을 들락이기도 했고, 이제는 한가할 때면 풀도 뽑고 돌도 고르고 의료진들에게 먹을 것도 가져다주는 사이가 된 사람들이었다. 마침 병원도 한가하고, 본인들도 여유가 있어서 놀러 왔다가 두런두런 청소를 함께 시작하려던 참이었다. 기왕 힘쓸 거 제대로 한다고 제초기까지 가져와 병원 마당의 풀을 베며 각자 자신들이 싣고 왔던 기구에 대해 얘기하던 그때, 멀리서 들어도 몹시 급하고 불안한 자동차 소리가 들려왔다.

누가 먼저랄 것도 없이 '어라, 이건 비상이다' 싶었던 그때, 아니나 다를까 응급환자가 병원으로 들어왔다. 환자는 고통스러워하며 비명을 지르다 기절하기를 반복했고, 환자의 다리는 딱 봐도 몇 군데 부러진 듯 이상한 모양으로 휘어져 있었다.

문제는 환자가 만취 상태라 당장 수술할 수 있는 상황이 아니라는 거였다. 게다가 극심한 통증에 이성을 잃은 환자는 눈에 보이는 것이 없었다. 손에 집히는 대로 물건들을 던지고, 소리를 지르며 자신을 살피려는 손도 뿌리치고 패악을 부렸다. 간신히 안정을 시켜 엑스레이를 찍었는데 분쇄골절(두 개 이상의 골전선에 의해 세 개 이상의 골절편이 생긴 것)이라 긴급 수술이 필요했다.

수술은 몇 시간이나 걸렸다. 뼈를 맞추고 고정하는 과정은 쉽지 않다. 게다가 부러진 뼈가 근육을 찢거나 어딘가에 뼛조각이 박혀 있다가 혈관을 찌르기라도 하면 내출혈로 갑자기 세상을 떠날 위험도 있다. 좋은 기구도 있어야 하지만 세심하고 정밀하게 수술할 수 있는 의사의 능력이 절실한 상황이었다. 다행히 병원이 갖추고 있던 시설과 장비는 어지간한 종합병원 못지않았고, 의료진 역시 경험이 많이 축적된 상태였다. 급하게 시작된 수술이었지만 결과는 성공적이었다.

"어휴, 하여튼 하루도 조용할 날이 없네."

"그러게. 간만에 커피나 마시며 청소하고 쉬려나 했는데 바로 또 저렇게 응급이 들어오네."

"그래도 뭐, 입원실 청소 싹 하고 보일러 깨끗하게 손보고 한 게 다행이었지. 바로 썼잖아?"

바쁜 의료진들 사이에서 동네 주민인지, 병원 직원인지 알 수 없을 만큼 친근해진 사람들이 서로 얘기를 주고받았다. 조석으로 좁은 섬 안에서 한 번은 마주치는 누군가가 저 안에서 또 한 번 생명을 구원받았다는 것이 그들에게는 자부심이었고 감사였다.

다행히 환자는 수술 후에 무사히 의식을 회복했고 의료진과 지인들, 가족들 앞에서 술을 그만 마시겠다고 선언까지 했다. 무엇보다 술 먹고 의료진에게 행패 부린 걸로 몸 둘 바를 몰라 하며 미안해했다.

"술이 웬수예요. 진짜. 어휴. 나가 죽어야지 내가."

"어이구, 어떻게 살렸는데 죽는다는 얘기를 해요? 그런 무서운 말은 농담으로도 하지 맙시다."

병실에 울음과 신음이 아닌 웃음이 퍼지면 그 병원은 성공적인 것 아닌가. 그렇게 또 한 생명이 살아났고, 섬 병원의 하루가 지나갔다.

섬에서의 수술 성공은 단순히 의술의 승리가 아니다. 그것은 생명을 구하려는 간절함, 삶의 무게와 아름다움을 마주하는 순간이다. 의료진은 매일 새로운 도전에 맞섰고, 사람들은 이곳에서 다시 태어나듯 새로운 희망을 찾았다. 삶은 바다와 같아 끝없이 밀려오지만, 결국 우리가 서 있는 곳을 만들어주는 것은 희망이다.

이처럼 섬사람들은 이 작은 병원에서 함께 세월을 건너고 있었다.

4부

외따로이 두지 않는 마음

뜨거움의 시간이 지나면 비로소 익어가고, 쌓이고, 다시 비어가는 시간이 온다. 그건 어쩌면 인간이 유일하게 거스를 수 없는 마지막 법칙일지도 모르겠다.

나이 듦은 과학으로 더디 가게 할 수 있고, 예전 같으면 죽을 목숨도 살려놓는 의술이 발전했음에도 불구하고, 여전히 우리는 자연의 시간과 섭리 앞에서는 옴짝달싹도 못한다.

거대한 배가 파도를 이기지 못하고, 하늘에서 내리는 눈과 비에 속수무책일 때도 있다. 때로 고난은 이렇게 파도처럼, 마른하늘 소낙비처럼 들이닥쳐서 우리가 대비하기도 전에 훅 발을 걸어 우리를 넘어뜨리기도 한다.

그리고 늘, 하필 그렇게 넘어진 땅은 유난히 매섭게 차가워서 다시 일어나려면 평소보다 조금 더 많은 힘을 필요로 한다. 안쓰럽게도.

누구도
원하지 않은 일

죽음, 그 무거운 그림자

"살려내!"

병원은 살리려고 오는 곳이지만 모든 사람이 살아서 나가지는 못한다. 죽고 사는 것이 운명이라면 병원과 의료진은 그 운명의 방향을 좀 틀어주거나 살짝 비켜나가게 해줄 수 있을 뿐이다. 사람의 노력으로 죽음을 이길 수 있다면 그 누가 죽음을 맞이하겠는가.

사람에게 유일한 공평이 죽음임에도 불구하고 이 죽음은 소리 없이 부지불식간에 다가온다. 아침까지만 해도 얼음물 마찰에 풍욕을 하며, 20대 못지않은 건강을 뽐내던 사람이 점심에 길을 건너다 차에 치여 세상을 떠날 수도 있는 것. 그게 죽음이다. 정해져 있지 않고, 그 누구도 예측할 수 없기에 죽음을 대하는 산 사람의 태도는 어쩔 수 없이 황망하고 서럽다.

실낱같은 대상이라도 있으면 그 대상을 향해 악다구니를 부리고, 살려내라고 속울음을 터트리는 건 서러움을 풀 곳이 딱히 없기 때문이 아닐까. 슬프게도 빈번하게 그 대상이 되는 사람은 의료진이었다. 대부분이 아프거나 사고가 나면 병원으로 오고, 그 병원에서 세상을 떠나기도 하니 원망도 자연스레 병원으로 향하는 것이다.

그래서 병원에는 사랑하는 이의 죽음을 애통해하는 눈물과 살아난 사람을 반가워하는 웃음, 한고비를 넘긴 사람이 내뱉은 안도의 한숨이 늘 한 덩어리로 엉켜 있다. 그리고 가끔은 그 덩어리에 뾰족하게 박히는 단말마의 비명 같은 순간이 있는데, 그게 바로 죽음을 인정하지 못하는 사람들의 절규다.

그날도 병원 로비에 묠니르Mjölnir(북유럽 신화에 나오는 뇌신 토르Thor의 망치)처럼 내려꽂히는 울음이 있었다. 살려내라는 말과 함께 새된 비명과 눈물이 온 병원을 가득 메웠다.

실려 온 환자의 상태는 처음 봤을 때부터 심각했다. 호흡은 얕았고 의식은 희미했다. 그러나 병원은 섬이라는 제약 안에 갇혀 있었다. 산소 공급은 제한적이었고, 장비는 한계가 있었다. 의료진은 서둘러 진단하고 치료를 시도했지만 보호자들의 불안은 점점 커졌다.

"우린 육지로 가야 해요. 여기서는 안 될 것 같아요!"

보호자가 큰소리로 강하게 주장했다. 하지만 지금 이 상태의 환자를 배에 태워 멀리 떨어진 육지 병원으로 보내는 것은 위험했다. 헬기도 불안하기는 마찬가지였다. 절대적 안정이 필요한 상황에서 움직이는 건 너무 큰 도박이었다. 이송할 시간도 부족했다. 하지만 가족들의 고집을 꺾을 수는 없었고, 결국 환자는 바다를 건너는 길에서 숨이 멎었다.

바다 한가운데서 가족을 잃은 유가족들은 원망의 첫 화살을 의료진에게 돌렸다. 어쩌면 그들도 마음 깊은 곳에서는 알고 있었을지도 모른다. 하지만 치료다운 치료도 해보지 못하고 황망하게 가족을 잃은 상황에서는 마음을 다스리기 어려웠다.

"진작에 보내줬으면 될걸! 괜히 여기 와서 시간 끌다 살리지도 못하고!"

이미 이성을 잠시 잃고 원망하기로 작정한 사람들에게

는 아무리 자세히 설명해봐야 변명으로밖에 들리지 않을 것을 의료진도 잘 알고 있었다. 문제는 의료진의 침묵이 불러온 이상한 소문이었다.

사람들은 때로 자기가 듣고 싶은 것만 듣고, 전하고 싶은 것만 전한다. 좁은 섬에 소문이 나는 건 금방이었다. 좋은 습관을 들이기는 어렵지만, 그 좋은 습관을 한순간에 망치기는 쉽다. 병원이 오랜 시간 쌓아온 잔잔하고 아름다운 이야기들은 소란하고 부정적인 몇 개의 이야기에 묻혀 점점 사그라져갔다.

화산이 폭발하면 화산재는 일주일에 걸쳐 서서히 쌓인다. 처음에 사람들을 공포에 떨게 하는 것은 거대한 용암이지만, 분출된 용암은 공기와 닿으면 이내 식어서 굳어버린다. 멀리 퍼져 천천히 숨통을 조여오는 것은 화산재다. 소문도 그랬다.

처음 터진 건 유족들이 "살려내라"고 소리치며 내뱉는 단말마의 비명, 용암처럼 뜨거웠던 분노였지만 그다음에 섬을 감싼 건 화산재 같은 잔잔한 소문들이었다. 화산재는 한번 쌓이면 분처럼 곱고 매서워서 치우고 치워도 사라지지 않는다. 소문은 화산재마냥 없어지기는커녕 조금씩 더 뭉쳐지고 단단해졌다. 그즈음 섬에는 다른 섬과 연결되는 다리도 생겼고, 여객선도 예전보다 늘어났다. 빈

번해진 교류 덕분에 사람들은 처음의 감사보다는 불평의 농도가 조금씩 진해지고 있었다.

땅을 내주지 않아 바다를 모래와 자갈로 메워 만든 병원 자리였지만 접근이 쉽지 않아 가기 어렵다 했고, 의원이 아닌 병원이어서 당연한 이치였지만 비싸다는 불만이 터져 나왔다. 좋은 기구 덕에 좋은 검사를 받을 수 있었다는 감사는 '좋은 기구 들이느라 돈 많이 써서 병원비를 비싸게 받는다'라는 말로 와전되기도 했다.

물론 일부였지만, 언제나 그렇듯 밝은 햇살을 가리는 건 한 줌도 안 되는 구름이지 않던가. 게다가 엎친 데 덮친 격으로 의료사고가 그즈음 발생하고 말았다.

생명의 무게

수술 실패는 의료진에게 가장 큰 좌절이다. 실려 온 환자는 주로 독이나 외상, 난산 등이 많은 이곳에서는 흔하지 않은 케이스였다. 육지 병원으로 보내려면 몇 시간을 기다려야 했고, 시간이 지체될수록 생명이 위험한 상황이었다. 의사가 할 수 있는 결정은 신속한 치료였기에 과감히 수술하기로 작심했다. 특히 심장 쪽 문제는 시간이 관건이라 골든타임 안에 치료를 시작하는 것이 중요했지만, 섬에서는 거의 불가능한 일이기도 했다. 3분 안에 해결해야 할 것이 30분이 되고, 또 3시간이 될수록 환자의 생명은 시시각각 위험해진다. 결국 수많은 난제를 안고 수술에 들어갔다. 환자의 상태는 시간이 지날수록 점점 나빠졌다. 이미 골든타임도 지나 있었고 환자에게 딱 맞는 약물도 준비되지 않은 상태였다. 보유 중인 약과 장비를 최대한 활용해서 의료진들이 혼신의 노력을 쏟아부었으나, 환자는 수술대 위에서 세상을 떠나고 말았다.

수술실에 남은 것은 깊은 침묵이었다. 환자의 가족들은 의료진을 향해 미친 듯이 울부짖었다.

"도대체 왜 아무것도 못 했던 거요?"

의료진은 그들의 분노를 묵묵히 받아들일 수밖에 없었다. 그들에게도 그날은 도저히 잊을 수 없는 날이었다. 이미 벌어진 일이었고 어떻게든 수습을 해야 했다.

유족들과의 지리멸렬한 싸움이 이어지는 순간에도 환자들은 계속 생겨났다. 의료진들은 지난 일을 수습하면서도 새로운 환자를 감당하며 매일 생과 사의 경계선에서 고군분투했다. 의사의 판단이 옳았던 날도, 그렇지 않았던 날도 있었다. 가족들의 고집이 환자를 살린 날도, 그들을 더 위험하게 만든 날도 있었다. 하지만 의료진이 깨달은 것은 하나였다. **모든 결과에 책임을 지겠다**는 결심이 그들을 붙잡아두는 힘이라는 것이었다.

삶은 늘 희로애락으로 가득하다. 희망과 절망, 애통과 용서가 뒤엉킨 이 섬에서 의료진은 매일 배운다. 우리가 할 수 있는 것은 최선을 다하는 것뿐이라는 사실을. 그리고 때로는 그것이 전부라는 것을 말이다. 그래서 의료진은 어제 일을 잊은 것처럼 그다음 날에도 담담하게 또 수술실로 들어간다. 실패한 수술은 분명 그들에게 깊은 상처로 남았고, 그 상처는 시간이 지나도 쉽게 아물지 않았지만 주저앉아 있을 수는 없었다.

매일 새로운 환자가 들어오고, 그들의 생명을 구하기 위해서는 극복 외에 답이 없었다. 그렇게 의료진은 서로의 눈을 바라보며 고개를 끄덕였다. 그들은 서로에게 힘이 되어주고, 다시 한번 최선을 다하기로 결심했다. 사람의 생명을 손에 얹는다는 건 그런 무게를 견뎌야 하는 일이다. 계속해서 환자들이 겪는 질병과 사고를 마주해 대신 싸우며, 매일매일 새로운 도전을 맞이하는 것. 그들은 그런 희망과 절망이 뒤섞인 현실 속에서 생명을 구하기 위한 여정을 계속해나갔다.

"우리가 할 수 있는 것은 최선을 다하는 것뿐이야."

그 다짐을 원동력으로 삼는 것이 그들의 최선이었다.

끝의 시작

"닫는대?"

"그렇대."

"하긴 여기가 마지막이지?"

"그렇지."

바다를 바라보고 있는 병원은 처음과 달리 많이 늙어 있었다. 바닷바람을 맞으며 버텨온 세월이 있는데 늙지 않을 리 없었다. 처음 병원이 들어선다 했을 때 반가운 마음을 가진 사람들이 대부분이었지만 일부는 이렇게 말했었다.

"얼마나 가겠어."

어쩌면 당연한 말이었다. 1970년대 후반, 1980년대에 대기업들이 막대한 손실을 감수하면서 뛰어든 사회사업이 낙도오지에 병원을 만드는 일이었다. 민간병원사업은 늘 적자였고, 더군다나 도시도 아닌 곳의 병원은 더 열악했다. 그나마 1988년에 농어촌 지역에도 의료보험제도가 적용되면서 상황은 좀 개선되었지만 사람, 장비, 도로 등 모든 게 늘 부족했다.

하지만 반도국인 대한민국에는 섬이 많았고, 그 섬마다 사람들이 살고 있었지만 그들을 위한 문화시설, 의료시설은 턱없이 부족하기만 했다. 국가가 기업에 도움을 요청했고, 기업은 각자 정한 곳에 병원을 세우고 운영했다. 하지만 낙도오지에 병원을 세우고 운영한다는 것은 결코 쉬운 일은 아니었다.

병원은 그 자체로 작은 국가여야 했다. 멀쩡한 사람도 물과 불, 산소 등이 없으면 살기 힘든데 하물며 병원은 아픈 사람들이 오는 곳이 아닌가. 건강한 사람이라면 며칠 동안은 물, 불 없이 견딜 수 있겠지만 병원은 사정이 달랐다. 즉, 강풍에 전기가 끊기고 폭우에 물을 못 쓰는 '당연한 섬 생활'이 절대로 당연하면 안 되는 곳이 병원이다.

그러니 어지간한 기간 시설을 구축하는 것부터가 병원 설립의 시작이 될 수밖에 없었다. 자가발전은 물론이고 정수, 냉난방도 일정하게 유지해야 했다. 환자들뿐 아니라 병원에서 각종 업무를 수행하는 직원들 역시 관리해야 했다. 그리고 무엇보다 의료진이 중요했다.

노화도의 완도대우병원은 전국에 있는 수많은 낙도오지 병원 중에서 가장 조건이 열악한 곳이었을지도 모른다. 그래서 처음 이곳에 병원을 세운다고 했을 때, 주민들조차도 '왜?'라는 의문을 가졌던 것이다. 그나마 주민들이 어느 정도 있었던 진도 조도면, 무주 설천면은 육지와의 거리도 어지간했다. 하지만 당시만 해도 노화도는 완도에서도 배를 더 타고 가야 하는 곳이었다.

하지만 뚝심으로 이곳에 병원을 세웠다. 완도대우병원은 대우재단에서 운영한 병원 네 곳 중 두 번째로 큰 병원이었다. 당시만 해도 수술실, 병상 스무 개, 종합병원 과장급의 의료진, 사업용 헬기 지원 등을 갖춰 어지간한 육지 병원보다도 큰 규모였다.

이유는 간단했다. 이곳을 징검다리 삼아 노화도, 보길도, 소안도, 외도, 인근의 해남과 완도까지 모두 아우르기 위함이었다. 즉, '우리는 섬에 병원을 세웠어요, 열심히 지원하고 있습니다'라는 번듯함보다는 정말로 필요한 곳에 필요한 자리를 마련했던 거였다.

그래서 병원은 단순히 아픈 사람만 치료하지 않고, 섬사람을 위한 다양한 지원을 제공하는 창구 역할을 했다. 1979년부터 2000년까지 많게는 연간 190여 명에 달하는 학생들에게 장학금을 지급해 섬에서 키운 인재가 다시 섬으로 돌아올 수 있게끔 씨를 뿌렸다. 이뿐 아니라 주민들을 위한 건강관리사업도 꾸준히 진행했다.

섬에서 가장 필요한 내과, 외과, 소아과, 산부인과를 중점적으로 운영했지만, 육지의 큰 병원과 긴밀하게 소통하며 응급환자를 수용하고 내보내는 허브 역할도 완도대우병원이 담당했다. 그런 병원의 정성에 부응이라도 하듯 섬사람들은 꾸준히 병원을 찾았다. 1990년대에 들어서도 연간 4000여 명 안팎의 환자들이 입원하자 완도대우병원은 1997년경 병상을 서른 개로 확대했다. 재정 자립도가 60~70퍼센트에 이르렀으며, 네 곳의 병원 중 가장 크고 견실하게 성장해나갔다.

하지만 시간이 흐르면서 조금씩 상황이 바뀌기 시작했다. 처음 의료, 보건, 장학 등 세 개 분야의 사업을 시작한 건 김우중 대우그룹 회장이 사재 50억 원을 출연하면서부터였다. 하지만 기업은 흥망성쇠에 출렁이며 흩어졌고, 50억 원을 시작으로 24년간 약 200억 원을 지원했음에도 낙도오지에 있는 네 개의 병원을 감당하기에는 넉넉하지 않았다. 그리고 무엇보다 병원을 찾는 사람들의 입장이 조금씩 달라졌다. 유일했던 노화도의 병원은 교통이 좋아지면서 여러 선택지 중 하나가 되어갔다.

주민들을 위해서는 좋아진 것일 수도 있었다. 필요에 따라 갈 수 있는 곳이 많아졌다는 건 그만큼 생활권이 넓어지고 삶의 질이 나아졌다는 증거이니 말이다. 하지만 병원이 유지되는 데 있어서는 불리한 조건이었다.

결국 병원은 서서히 저물어가는 수순을 밟게 되었다. 접근성이 그나마 좋은 내륙 오지에 공공 및 민간 병원들이 먼저 들어서기 시작했다. 기업에서 손실을 감내하며 유지하던 병원의 필요가 점점 줄어들기 시작한 것이다. 가장 먼저 무주대우병원이 1999년에 조용히 문을 닫았고, 이어 2001년에는 진도대우의원, 2003년에는 신안대우병원이 폐원했다. 그래도 격동의 1970년대와 1980년대를 무사히 지나 사람들의 삶이 나아졌을 때까지 버텨준 것이 고마울 따름이었다.

그럼에도 불구하고 마지막까지 남은 완도대우병원은 주민들을 위해 변해보려 했다. 양방 병원이 아니면 한의원의 모습으로라도 남아 있으려 했지만 여의치 않았다. 결국 병원은 2010년에 완전히 문을 닫고 말았다.

마지막 운영을 하고 정리하는 것을 보던 한 노년의 주민은 살짝 원망 섞인 목소리를 냈다.

"그 양반이 그렇게 손 놓았으면 안 되는 거였지."

"그게 뭐 그 양반 탓인가. 그래도 덕 많이 봤지."

"에휴. 의원이 있으면 뭐 하나. 그래도 병원이 있어야지. 끝까지 책임을 좀 져주면 얼마나 좋아."

"그게 마음대로 되냐고. 회사도 자기 맘대로 안 되어 속 끓였을 건데. 그냥 고맙지 뭐."

대화에는 원망도, 아쉬움도, 서운함도, 고마움도 모두 담겨 있었다. 누군가의 호의로 누렸던 병원의 혜택이 아쉬워서 그랬을 수도 있고, 시간의 뒤안길로 사라지는 섬의 자산이 아까워서 그런 것일 수도 있었다. 확실한 건 병원이 닫히는 것을 원한 사람은 없었다는 거였다. 조금만 더 버텨주기를, 조금만 더 살아남기를 바랐던 게 주민들의 솔직한 마음이었다.

병원이 문을 닫고 나면 노화도의 의료시설은 의원 두 개가 전부였다. 물론 치과, 한방, 보건지소, 보건진료소, 약국은 있었지만 그걸로는 부족했다. 그나마 병상이 있는 의원은 소안도까지 가야 했고, 가까운 보길도에는 병의원은커녕 약국도 없었다. 즉, 노화도 생활권에서 병원을 가려면 완도읍까지 가야만 했다.

섬 특징상 노인 인구가 많고, 그중에서도 꾸준한 관리가 필요한 고혈압, 관절염, 당뇨 등의 질병을 겪는 사람이 많아서 병원은 선택이 아닌 필수였다. 한데 그 중요한 위치를 차지하고 있었던 병원이 문을 닫게 된 것이다. 서운함과 아쉬움이 커지니 마치 토라진 아이처럼 원망도 솟아난 게 아닐까. 하지만 원망을 하더라도 문을 닫겠다 한 병원이 다시 열리는 건 아니었다. 그러니 아쉬움만 더 커질 수밖에 없었다.

"그런데, 저 건물 부순대?"

"뭐에 쓰겠어."

"아까운데."

"아깝지. 얼마나 튼튼하게 지었는데. 돌이며 시멘트며 엄청 들어갔어. 여기 지금 사는 나이 좀 있는 사람 중에 저기 돌 한 바가지 안 부어본 사람 없을걸."

"그때는 그랬지. 우리한테 병원 생긴다 하고 신나서 모래 지게라도 지고 날랐지."

"그러게. 사람 많이 살렸다."

"맞아. 고마운 곳인데 그냥 없어지면 서운한데."

사람들의 시선이 가닿은 낡은 건물은 그저 건물이 아니었다. 삶과 죽음이 얽혀 있는 공간이었고, 웃음과 눈물이 켜켜이 쌓인 섬 시간의 증거였다. 오랜 추억이 담긴 앨범을 없애는 것이 아쉬운 것처럼, 섬사람들에게 병원이 사라진다는 것은 섬이 살아온 시간 일부가 사라지는 것과 같았다.

무엇보다도 그곳이 다른 의미로라도 옆에 있어주기를 바라는 아쉬움의 표현이기도 했다. 병원은 서운함을 뒤로하고 문을 닫았다. 하지만 건물 안에서는 뭔가 다른 움직임이 꿈틀대고 있었다. 지난 30년 동안 사람들을 치료하며 생명을 구했던 그곳은, 이제 몸이 아닌 다른 곳을 살피기 위한 변화를 꾀하고 있었다.

잠시 멈춘 것 같았던 노화도 병원의 시계가 다시 째깍째깍 움직이기 시작했다. 그 시계는 단순히 시간을 측정하는 기계가 아니라 이곳에서의 모든 순간과 기억을 간직한 채 또 다른 시작을 알리는 신호탄이었다. 이제는 과거를 뒤로하고 새로운 가능성을 향해 나아갈 준비를 하고 있었다. 섬사람들은 그 변화 과정을 지켜보며, 그곳이 여전히 그들의 삶의 일부로 남아 있기를 바랐다.

남은 자의 몫

병원의 폐쇄는 건물의 종료를 넘어서 그곳에서 일했던 모든 이의 일상과 관계의 종결을 의미했다. 의사, 간호사, 청소 노동자를 비롯한 직원들까지 병원을 꿋꿋하게 지켜왔던 모든 이가 각자의 자리에서 깊은 아쉬움을 느끼며 마지막 순간을 맞이했다. 이들에게 병원은 직장 그 이상의 공간이었다. 의사들과 간호사들은 병원에서 수많은 생명을 구하고, 환자들과 함께 나누었던 소중한 순간들을 떠올리며 수술실과 입원실을 둘러보았다.

"이곳에서 함께한 모든 순간이 소중했어요. 환자분들이 저를 믿고 의지해주셨던 만큼, 저희도 그 믿음에 보답하고 싶었는데… 이제는 그럴 수 없네요."

그의 말은 의사로서의 사명감과 환자에 대한 애정이 얼

마나 깊었는지 보여주었다. 그뿐 아니라 이 병원을 겪었던 모든 의료진은 병원에서의 경험이 직업적 활동에 머무는 것이 아니라 인생의 중요한 부분이었다고 고백했다. 의사의 역할은 병을 고치는 것을 넘어서, 환자와의 신뢰를 쌓고 그들의 고통을 함께 느끼는 것이었다는 걸 이해하게 된 곳이었다고.

간호사들도 마찬가지였다.

"이곳은 단순한 직장이 아니었어요. 저에게는 가족과 같은 존재였죠. 이제는 이 모든 기억을 가슴에 담고 떠나야 한다니 마음이 아픕니다."

담담함 속에 많은 감정이 휘몰아치는 듯했다. 매일 환자들의 곁에서 그들의 희로애락을 함께 나누며 인간의 삶과 죽음, 그 사이사이의 순간들을 깊이 경험하게 해준 곳이었으니….

"이곳은 저에게 소중한 기억이 가득한 곳이에요. 그냥 병원이 아니라 뭐랄까… 이 섬의 자부심 중 하나였는데 말이죠."

그렇게 마지막 날도 저물어갔다. 문을 잠그며 사람들은 병원 건물을 바라보았다. 분명 안에 아무도 남아 있지 않은데 누군가가 울고 웃는 소리가 건물에 입혀진 듯한 느낌을 받으며.

이처럼 병원의 폐쇄는 각자의 자리에서 일했던 이들에게 깊은 아쉬움을 남겼다. 병원에서의 경험을 통해 서로에게 영향을 주었고, 그 관계는 앞으로도 그들의 마음속에 오래도록 남을 것이다. 병원은 **여러 삶이 얽히고설킨 공간**이었음을 다시금 깨닫지 않을까.

인간의 삶은 고통과 희망이 촘촘하고 복잡하게 직조된 여정이다. 그 여정 속에서 서로의 존재가 얼마나 큰 의미를 갖는지 이해하게 된다. 이들은 이제 각자의 길을 가게 되지만, 병원에서의 경험은 그들의 삶을 더욱 풍요롭게 만들었고 앞으로의 여정에서도 그 기억이 큰 힘이 될 것이다. 병원은 그들에게 먹고사는 일을 해결해주었던 직장이자, 삶의 의미를 되새기게 해주었던 공간이었으니까.

외딴 시간은
여전히 흐른다

어디로 가야하는 것일까

"아니, 왜 우리한테 불쌍하다고 하는지 모르겠어."
"나도. 보면 오히려 나보다 못 벌고 못살던데."

툭 내뱉은 말에 까르르 웃음이 터졌다. 선입관이 무섭다는 말끝에 나온 웃음이었다. 분명 섬은 육지보다 많은 것이 부족한 곳이다. 일단 젊은 인구가 적으니 각종 문화, 교육 인프라가 상대적으로 빈약할 수밖에 없다. 수요와 공급의 원칙이란 어디에나 적용되는 것이니.

하지만 행복은 성근 부대에 담은 보이지 않는 물건과

같다. 아무리 가득 담았어도 일부는 빠져나가고, 큰 것은 남아 있고, 내 부대에 담긴 것과 남의 부대에 담긴 것이 각각 다르다. 다만 모두에게 동일한 주머니가 주어질 뿐 안에 무엇을 담을지는 각자의 삶에 달려 있다.

그래서 눈만 돌리면 모든 편의시설이 다 갖춰진 곳에 사는지가 행복의 척도도 아니고, 어플리케이션을 켜면 배달 음식을 시켜 먹을 수 있는 곳이 수십 개인 것이 행복의 척도도 아니다. 더 나아가 돈도, 건강도 행복의 조건일 수는 있지만 절대적 기준은 될 수 없다. 지극히 개인적이고 은밀한 주머니 속에 담긴 것으로 어떻게 판단하고 결정할 수 있겠는가.

그런데 이 주머니가 개인적이고 은밀한 것으로 끝나는 건 아니다. 서로 마음이 맞는 사람들이 각자의 주머니를 연결하면 더 크고 풍성한 주머니가 된다. 마치 화수분처럼 그 안에서 다양한 만족과 행복이 튀어나온다. 그리고 서로 주머니를 나누고 연결하려는 마음은 함께 무언가를 고민할 때 나온다. 척도가 아닌 **방향**. 그 가치에 공감하는 사람들이어야 비로소 자기 주머니를 풀어놓을 수 있게 되는 것이다.

병원은 각자의 주머니가 더 중요한 곳이었다. 내가 살고, 내 가족이 살고, 내 건강이 중요하고, 나의 만족을 채

워줘야 하는 공간이었다. 병원을 찾는 개개인의 행복 주머니는 각자의 깜냥만큼 차고, 비워지고, 넘치고, 쪼들렸을 터였다. 차고 넘친 사람들은 행복했을 것이고, 비워지고 쪼들린 사람은 불평과 불만을 쏟아냈을 것이 자명했다.

어쩌면 병원이라는 공간의 한계는 여기에 있었을지도 모른다. '생명을 구한다'는 목적과 명제가 명확할수록, 그것에서 벗어나는 상황도 한 끗 차이로 빈번하게 일어날 수밖에 없었다. 이러한 상황의 발생은 결국 균열을 만들어낸다. 이 균열이 가져오는 것은 해체이며, 이는 어쩌면 자연스러운 흐름일지도 모르겠다.

대개 우리는 살아가면서 목적을 명확히 하라고 강조한다. 이 목적은 누구나 이해할 수 있을 만큼 명료해야 한다. 그렇기 때문에 마치 구호나 슬로건처럼 강압적으로 느껴지기도 한다.

예를 들어, 학교는 인재를 키워내야 한다는 명제가 있다. 병원은 사람을 살려야 한다는 의무도 마찬가지다. 군인은 나라를 지켜야 하며, 의료인은 환자를 치료해야 한다는 사명이 있다. 이러한 목적들은 사회의 기본적인 틀을 형성하고 각 분야의 역할을 명확히 규정짓는다.

하지만 이러한 확고한 명제에 반대하는 목소리가 나오기는 어렵지 않을까? 학교가 인재를 키워내야 한다면, 인재가 될 가능성이 작은 아이들은 어떻게 되는 것인가? 병원이 사람을 살려야 한다면, 당장은 목숨이 위태롭지 않은 사람들은 뒤로 밀려나야 하는 것인가? 이러한 질문들은 각자의 입장이 다르기 때문에 생겨나는 것이다.

결국 우리는 이러한 유연성이 결여된 주제에 대해 '왜?'라는 질문을 던지게 된다. 이는 반박이라기보다는 더 깊은 이해와 공감을 위한 탐구의 과정일지도 모른다. 각기 다른 상황과 맥락 속에서, 우리는 이러한 목적들이 진정으로 의미하는 바를 다시금 되새겨야 한다. 이러한 성찰이 이루어질 때, 우리는 비로소 병원이라는 공간의 한계를 넘어서는 길을 찾게 될 것이다.

이러한 질문들은 반박에 그치지 않고 우리 사회의 구조와 가치관을 재조명하는 기회를 제공한다. 각 분야의 목적이 명확할수록 그 목적에 부합하지 않는 존재나 상황은 더욱 부각되기 마련이다. 이는 마치 사회의 규범과 기대가 특정한 방향으로만 흐르도록 강요하는 것과 같다. 그러나 이러한 강요는 종종 소외된 목소리와 경험을 무시하게 만들고, 결국에는 사회의 다양성을 해치는 결과를 초래할 수 있다.

병원에서 생명을 구하는 것이 최우선의 목표라면, 치료가 필요한 환자 중에서도 우선순위가 매겨지게 된다. 이

과정에서 치료받지 못하는 환자들은 자신의 존재가 무시당하는 느낌을 받을 수 있다. 이는 의료적 차원의 문제를 넘어, 인간으로서의 존엄과 가치를 침해받는 경험으로 이어질 수 있다. 결국 생명을 구한다는 목적이 모든 것을 정당화하는 듯 보이지만, 그 이면에는 소외와 불평등이 존재하게 된다.

학교에서도 마찬가지다. 인재를 키워내는 것이 목표라면, 그 기준에 부합하지 않는 학생들은 자연스럽게 주변으로 밀려나게 된다. 이들은 자신의 가능성을 발견할 기회를 잃고, 사회에서의 위치를 찾기 어려워질 수 있다. 이러한 상황은 결국 사회의 다양성을 저해하고, 개개인이 고유의 잠재력을 발휘할 수 있는 기회를 제한하게 된다.

이러한 문제를 해결하기 위해서는 각 분야의 목표를 설정할 때 명확하고 강압적인 것이 아니라, 유연하고 포용적인 방향으로 나아가야 한다. 즉, 생명을 구하는 병원은 단순히 생명을 살리는 것에 그치지 않고, 환자의 존엄성과 삶의 질을 존중하는 방향으로 나아가야 한다. 학교 또한 인재를 키우는 것에만 집중하기보다는, 다양한 배경과 가능성을 가진 학생들이 각자의 길을 찾을 수 있도록 지원하는 역할을 해야 한다.

이러한 변화는 각 기관의 목표를 수정하는 것에 그치지

않고, 사회 전반의 가치관과 인식을 변화시키는 데에도 기여해야 한다. 우리는 각자의 역할을 다하면서도 서로의 존재와 가치를 인정하는 사회를 만들어나가야 한다. 이를 통해 우리는 더 나은 미래를 향해 나아갈 수 있을 것이며, 각자의 삶이 존중받는 사회를 구축할 수 있을 것이다.

이러한 성찰과 변화는 공동체 전체의 건강과 지속 가능성을 위한 필수적인 과정이다. 우리는 각자의 자리에서 이러한 질문을 던지고, 그에 대한 답을 찾아가는 여정을 계속해야 할 것이다. 그렇게 함으로써 우리는 병원이라는 공간의 한계를 넘어, 진정으로 모든 생명과 존재가 건강한 삶을 보장받는 사회가 되어가지 않을까.

주민에서 주인으로

그래서 병원은 유연한 목적을 가지고 변하기로 결심했을지도 모르겠다. 변화의 불씨는 뜻밖에도 주민들이 가져왔다. 병원에서 소중한 남편의 생명을 살린 아내, 부모를 문병하러 드나들던 유년 시절의 추억을 가진 이가 불 꺼진 병원에 발걸음을 이어갔다. 아무 일 아니라는 듯 찾아와서는 조약돌 같은 의견을 툭 던지고 갔다. 어쩌면 작은 섬에서 30여 년을 함께해준 병원의 뒷모습이 안쓰러워 보였는지도 모르겠다.

"이 넓은 공간이 그냥 비어 있기만 하면 아깝지 않나?"

"우리가 글을 배울 수 있는 곳이 있으면 좋겠는데…."

"아이들이 놀 수 있는 곳도 필요하고…."

주민들의 작은 제안들이 모이고 또 모였다. 병원에 대한 기억과 애정이 새로운 아이디어의 씨앗이 되었다. 그들은 단순히 무언가를 받기만 하는 수혜자가 아니었다. 스스로 필요를 발견하고 해결책을 제시하는 능동적인 주체였다. 따뜻한 마음이 하나둘 포개어지면서, 행복을 나누고 나누면서, 함께 웃을 수 있는 곳이 되었으면 좋겠다는 바람으로 '행복나눔섬지역센터'가 들어설 준비를 시작했다.

이제 이곳에는 아픈 사람이 아닌 행복하고 싶은 사람들이 모이게 되었다. 그 첫 대상은 공부할 시기를 놓쳐 글을 모르고 살아온 어르신들이었다. 이것 역시 주민들의 절실한 요청에서 시작된 것이었다.

"우리 같은 늙은이들도 글을 배울 수 있을까?"

"병원에 갈 때마다 처방전을 못 읽어서 창피했는데, 이제라도 배워보고 싶어."

행복나눔섬지역센터의 문이 열리자 글을 모르는 어르신들이 하나둘 모여들었다. 종이에 쓰인 문자 대신 그림이나 표정으로 세상을 읽어오던 그들에게 글자는 막연한 벽과 같았다. 그러나 그 벽을 넘으려는 용기는 이미 그들의 눈빛에 서려 있었다.

"내가 처방전을 받아도 글을 모르니까 그걸 가지고 약국을 가면 너무 창피한 거야. 뭐라고 알려주면서 써주는데 그게 뭔지를 알아야지. 그래서 처방전을 받고도 약국에 못 가서 약을 못 탄 적이 많았어."

이제는 멋쩍게 얘기하며 웃는 어르신의 눈에 소년 같은 수줍음이 감돌았다. 지금은 이름 석 자뿐 아니라 아침저녁으로 어떤 약을 먹어야 하는지 스스로 적는다며 자랑스러워하시는 모습에 빛마저 감도는 듯했다.

주민들의 자발적 참여는 여기서 그치지 않았다. 어르신들이 글을 배우는 모습을 보며, 젊은 엄마들도 움직이기 시작했다.

"우리 아이들에게도 해줄 수 있는 게 있지 않을까요?"
"도시 아이들처럼 다양한 체험을 시켜주고 싶어요."
"사실 아이들이 자연과 더불어 자라면서 '함께'의 가치를 알게 되는 곳은 도시보다는 여기죠. 이곳도 도시 못지않게 다양한 배움이 있다는 걸 증명하고 싶어요!"

이렇게 주민들의 필요와 열망이 모여 '노화작은마을학교'가 탄생했다. 이들은 스스로 자격증을 따고, 교육 프로그램을 기획하며 센터 운영에 적극적으로 참여했다. 각종 지원사업을 직접 알아보며 밤새 지원서를 만들었고, 너나없이 함께 달려들어 공동의 목표를 가지고 움직였다. 자연스레 공동육아가 이뤄졌고, 어르신과 젊은이들이 어울리는 장이 만들어지기 시작했다. 아마 규칙과 법으로 시작되었으면 유지되기가 어려웠을 테지만, 자발적인 마음으로 흐름에 따라 만들어지니 모든 것이 순리대로 자연스러웠다.

문해 교육은 단순히 한글을 가르치는 작업이 아니다. 한글을 배우며 자신의 이름을 또박또박 적어나가는 손끝에서 묵혀두었던 자존감을 꽃피워내는 과정이다.

"칠십 평생 처음 내 이름을 내가 쓸 수 있게 되었어."

어르신들의 소박한 한마디는 그 자체로 기적이었다. 삶의 대부분을 문맹으로 살아온 사람들에게 이 작은 변화는 **삶을 새롭게 정의할 수 있는 기회**가 되었다. 그리고 한 땀 한 땀 글을 배우고 행복해하는 어르신들의 모습을 보며 아이들도 앉아서 책을 들여다보고 공부하는 태도들이 만들어졌다. 문화 속에 자연스레 젖어들기 시작한 것이다.

자원봉사자로 구성된 강사들은 글자 하나하나를 천천히, 정성스럽게 가르쳤다. 강사의 열정과 어르신들의 끈기는 눈에 띄는 성과로 이어졌다. 2010년부터 2024년까지 431명의 어르신들이 '문해한글학교'를 졸업했다. 그들은 이제 더 넓어진 세상과 소통할 수 있었다.

이러한 주민들의 능동적 참여와 성과는 10년이 지난 후 완도군이 대우재단에 새로운 제안을 하게 만든 배경이 되었다. 주민들이 스스로 만들어낸 성공 사례와 공동체의 힘을 목격한 지방정부는 이제 더 큰 꿈을 꾸기 시작했다.

소극적인 수혜자에서 적극적인 변화의 주체로 성장한 주민들. 그들이 보여준 자치와 연대의 경험은 단순한 복지를 넘어선 새로운 지역발전 모델의 가능성을 증명했다. 마치 오래된 나무에서 새순이 돋듯, 주민들의 손에서 피어난 변화는 이제 섬 전체의 미래를 바꾸는 큰 흐름이 되어가고 있었다.

"삶이 달라졌습니다."

한 어르신은 손편지를 통해 그렇게 표현했다. 직접 편지를 쓸 수 있게 되었다는 건 그에게는 세상으로 통하는 새로운 문이 열렸다는 뜻이었다. 그 문을 넘어감으로써 그들은 행복과 자존감을 되찾은 셈이었다.

이 작은 마을에서 시작된 변화는 교육을 넘어서 사람들 사이의 연결고리를 새롭게 엮어주었다. 백일장과 마을 행사를 통해 서로의 이야기를 나누는 자리가 생겼고, 그 안에서 웃음과 감동이 넘쳐났다. 글을 읽고 쓰는 능력은 그

이름 빛

김명자

세상이 빌려간 내 이름은
언제나 내 옆에 없었다
누구 딸, 누구각시, 누구엄마
내 이름은 늘 그랬다

아들, 딸
김명자

배워서 커진 내 귀가
넓어진 내 눈이
이제 내 이름을 찾으라고 한다.
내 이름으로 살고
책임도 내 이름으로 지라 한다.

누구각시, 누구 엄마
그만두라 한다
이름빛을 찾아야겠다.

김명자, 〈이름 빛〉, 2025.

물럿거라 키오스크   박정자

나 혼자 광주 병원에 다녀왔어!
출발하자마자 기계하고
전쟁이 벌어졌지.

완도 버스터미널 매표소에
사람이 없어졌드만.
키오스크 매표기만
얄밉게 웃고 있더라고.
속으로 니까짓 게 했을거야.
천만의 말씀 만만의 콩떡이다!

내가 교육원에서 머리 싸매가며
왜 공부를 했겄?
병원 진료예약, 계산, 4 통과하고
무사히 집에 도착했어.
배움이 힘이야!

박정자, 〈물럿거라 키오스크〉, 2025.

절뚝인생 이제 그만

최순애

내인생 절뚝절뚝 인생.
자식농사 잘되고
집안도 아주 쨍쨍해 졌지만
내인생은 반쪽인생 이었어.

그 반쪽을 마저 채우려고
내가 어디 좀 댕겨.
내반쪽을 채워주는 데가 있어.

이제 편지도 제법 쓰고
서울가는 버스표도 내가 끊어.
손주들에게 카톡도 보내.

반쪽이 조금 차니까 욕심이 나네?
더 행복해지고 싶어.
내인생 이제 내가 만들거여.

최순애, 〈절뚝인생 이제 그만〉, 2024.

큰 선물

정종매

지난 어버이날에
아주 큰 선물을 받았다.

서울 사는 손주가 보내온
지우개 달린 연필
그리고 예쁜 연필깎이

그 속에 한장의 편지.
"할머니 힘내세요. 응원합니다."
"우리 할머니 멋쟁이."

왜 이리 눈물이 날까?
왜 또 매웠던 인생살이가 생각날까?

"그래! 두고 봐!"
"할미 가슴에도 봄날이 왔어."
"이 할미가 꼭 해낼거야"
"꼭이야!"

정종매, 〈큰 선물〉, 2022.

글자 캐러 가세

고정례

아! 어서 와! 빨리 가세!
글자 캐러 가장께!
한번 와서 캐봐!
별것이 다 있다고!

어제 심은 "가"가 커서
"가지"가 되었고.
그저께 심은 "나"가 커서
"나비" 되어 날아가네!

아! 창피가 밥 먹여주냐?
세상이 그랬는데 무슨 소용이여?
못 배운 것이 죄도 아니지만
자랑도 아니란 말이시.

아직 늦지 않았어.
어서 빨리 와!
글자도 캐고, 글도 캐서
새 세상을 만나보장께!

고정례, 〈글자 캐러 가세〉, 2021.

그립소! 그 어르신

이성애

40년 전 어느날 외로운 섬 우리 노화도에
큰 별이 나타났었소!
당시 큰 병원을 지어
병든 이, 지친 이 들을 보살펴 주었다오.

무슨 속셈이 있는가? 몹쓸 의심도 했지만
나중에 아주 큰 사람이라는 거 알았소.
그 양반은 그저 천사였소.

나이 들어 그 병원 건물에서
한글공부를 해서 눈을 뜨게 됐는데,
이제 또 그 건물을 고쳐서
노인들을 위한 건강시설을 만든다 하오.

내 인생을 따뜻하게 덥혀준 그 어르신.
어르신이 뿌린 씨가 활짝 피어났는데
은혜를 갚을 길이 없어 안타깝소.
그립소! 보고 싶소! 사랑하오!

이성애, 〈그립소! 그 어르신〉, 2021.

저 지식이 아니라 서로를 이해하고 삶을 나누는 도구라는 걸 모두가 깨달을 즈음, 행복이라는 말이 절로 흘러나왔다.

이제 행복나눔섬지역센터는 새로운 인생을 써 내려가는 사람들의 이야기로 채워진 곳이 되었다. 어르신들의 손끝에서 빚어지는 글씨는 단순한 문자가 아니라 그들의 꿈과 희망이 되었고, 글자를 알게 된 기쁨은 각자의 이야기를 넘어 마을 전체에 스미기 시작했으니까.

가장 나이 든 어른들로부터 시작된 행복은 아래로 흐르고 흘러 가장 어린 아이들에게까지 가닿았다. 섬은 특히 아이들이 귀하다. 하나하나 소중한 그 아이들에게 최대한 많은 경험을 주기 위해 엄마들이 머리를 맞대고 고심해서 만든 게 바로 노화작은마을학교였다.

이전에는 마땅한 자리가 없어 동네 산어귀의 정자에서 모이기도 했고, 누군가의 집 앞마당에서 모이기도 했지만, 2019년부터는 행복나눔섬지역센터로 모인다. 코로나-19 팬데믹으로 공공시설이 폐쇄되어 아이들이 갈 곳이 없어졌을 때도 센터만이 공간을 제공해주었다.

노화작은마을학교의 가장 큰 행복은 아이들의 웃음소리다. 이 작은 공간은 아이들에게 세상을 배울 수 있는 놀이터가 되어주었다. 아이들은 교실이 아닌 들판에서, 흙냄새가 진하게 배어 있는 자연 속에서 배우고 책 대신 손끝으로 만지는 체험을 통해 성장한다.

가장 많이 고민하고 힘을 모은 건 마을의 어머니들이었다. 자격증을 따고, 교구를 연구하고, 여러 교육사업을 통해 지원을 받았다. 학위도 없고 번쩍거리는 교구도 없었지만 그들에게는 아이들을 위한 **마음**이 있었다.

미술 수업에서는 아이들이 손에 묻은 물감을 신나게 흔들며 자신만의 세계를 캔버스에 펼쳐내고, 연극 수업에서는 아이들이 직접 이야기의 주인공이 되어 어설픈 몸짓과 목소리로 무대를 빛냈다. 나이는 서로 달라도 한 아이 한 아이와 눈을 맞추며 몸으로 놀아주는 그 시간은 분명 도시의 아이들이 겪는 시간과 다른 질감, 다른 밀도였다. 그리고 이 모든 것은 어머니들의 따뜻한 손길과 웃음 속에서 이뤄졌다. 그런 경험은 책이나 모니터 화면으로는 얻을 수 없는 소중한 배움이었다. 아이들은 마을이라는 큰 교과서 속에서 자라나고 있었다.

그렇게 쌓아온 시간들은 결코 헛되지 않았다. 그래서인지 섬의 아이들은 반짝이며 빛난다. 해맑은 미소 속에는 자신감과 호기심이 담겨 있었고 그들이 만들어갈 미래가 투영되어 있었다.

노화작은마을학교는 어른과 아이가 함께 성장하는 공간이었다. 어머니들은 강사가, 아이들은 작은 예술가와 모험가가 되었다. 그 속에서 서로의 이야기를 나누고 새로운 꿈을 그려가는 과정은 마을 전체의 삶을 변화시키고 있었다. 아이들은 어쩌면 먼 훗날 자신이 받았던 사랑을 다시 누군가에게 전해줄 것이다. 이곳에서 함께한 시간은 분명 그들이 만들어갈 세상의 자양분이 될 테니까. 노화작은마을학교는 미래의 희망을 키우는 온실로 지속 가능한 행복을 키워가는 중이다.

이렇게 노화에서는 글을 배우는 어르신들과 놀이로 세상을 배우는 아이들이 서로 다른 방식으로 삶을 채우고 있었다. 어르신들은 글자 하나에 담긴 세상의 무게를 배우며 새로운 시작을 써 내려가고, 아이들은 자연과 예술 속에서 아직 펼쳐지지 않은 미래를 그려나갔다.

이 두 공간은 서로 다른 세대가 머무는 곳이었지만, 그 안에는 한 가지 공통점이 있었다. 바로 '함께 배운다'라는 가치였다. 글을 배우는 어르신들에게는 자원봉사자의 손길이 있었고, 놀이를 배우는 아이들에게는 어머니들의 따뜻한 마음이 있었다. 서로의 삶이 교차하는 순간, 그들은 각자의 이야기가 아닌 마을의 이야기를 완성해나가고 있었다.

마을은 멈춰 있는 공간이 아니었다. 배움이 있고 웃음이 피어나는 곳에서 새로운 희망이 자라고 있었다. 그 희망은 글을 깨우친 어르신들의 손끝에서, 그림을 그리고 연극을 만드는 아이들의 마음속에서 계속 이어지고 있었다. 이 마을은 하나의 책과도 같다. 매일 새로운 페이지가 채워지는 이 책의 주인공은 마을 사람들이었고, 그들의 이야기가 곧 마을의 역사가 되는 것이 아닐까.

행복나눔섬지역센터와 노화작은마을학교는 작은 변화로 시작했지만, 그 변화는 사람들의 마음을 움직이고 마을의 풍경을 바꿔놓았다. 어른, 아이 모두 함께 웃고 배울 수 있는 이곳에서 사람들은 자신만의 길을 찾아가고 있었다. 그 길 위에는 배움의 흔적과 함께 서로의 손길이 닿아 있었다.

이것이 어쩌면 완도대우병원이 그토록 염원했던 모습이었을지도 모른다. 주민들이 스스로 마을에 필요한 프로그램을 만들고, 함께 배우고 성장하며 더 건강하고 행복한 공동체를 만들어가는 것. 의료, 보건, 장학 등 세 개 분야의 사업으로 두텁게 쌓아온 40여 년 세월을 딛고 노화의 주민들은 진정한 섬의 **주인**으로 깨어나기 시작했다.

다시 섬으로

바다가 잠든 새벽, 노화도 선착장에 도착한 첫 배처럼

그 소식은 조용히 섬에 닿았다. 2022년 5월, 완도군 보건의료원으로부터 온 공문 하나가 오랜 침묵을 깨웠다. 마치 오래 기다리던 이의 편지처럼, 긴 기다림 끝에 찾아온 반가운 소식이었다.

"함께 만들어가면 어떨까요? 도서민 건강돌봄센터를…."

그 제안은 사업 협력 이상의 의미를 담고 있었다. 2023년 지방소멸대응기금의 첫 사업으로, 옛 완도대우병원 건물에 새 생명을 불어넣자는 것이었다. 40여 년 전, 섬사람들의 생명을 지켜주던 그 공간이 다시 한번 주민들의 건강을 돌보는 심장으로 뛸 수 있었다.

도서민 건강돌봄센터는 단순한 의료시설이 아니었다. 그곳은 섬사람들이 자신의 만성질환을 스스로 돌보고, 서로의 건강을 지켜주는 주민참여형 공간을 꿈꿨다. 마치 파도가 부서지고 모래알이 모여 해변을 이루듯, 주민 한 명 한 명의 작은 관심과 참여가 모여 섬 전체의 건강을 지켜나가는 것이었다.

"옛날에는 마을건강요원이라고 있었어. 동네 사람 누가 아프면 제일 먼저 달려가서 살펴보고, 병원에 데려가야 할지 판단했지. 그런 정신이 다시 살아난다면 얼마나 좋을까."

그 시절, 마을건강요원을 기억하는 최세화(가명, 75세)

어르신의 눈에는 반짝임이 깃들었다. 그가 말한 마을건강요원은 완도대우병원이 40여 년간 노화도, 보길도, 소안도 주민들의 건강을 위해 운영했던 독특한 시스템이자 이웃이 이웃을 돌보는 섬 특유의 정신이었다. 그것은 바다로 단절된 섬에서 피어난 아름다운 **연대**의 꽃이었다.

완도군의 제안은 대우재단에 대한 깊은 신뢰의 표현이기도 했다. 오랜 세월 섬사람들의 건강과 행복을 위해 투자하고 헌신해온 마음을 기억하는 증표였고, 병원급 의료기관이 없는 현실 속에서도 섬사람들은 여전히 그 시절의 따뜻함을 기억하고 있다는 말이기도 했다.

지방소멸대응기금을 통해 도서민 건강돌봄센터를 준비하며, 완도군과 대우재단의 협력은 마치 두 줄기 물이 만나 강을 이루듯 더욱 넓고 깊어졌다. 서로 다른 성격을 가진 집단이었지만 목표는 같았다. 사람의 건강은 단지 신체만의 문제가 아니라는 것. 섬의 진정한 생명력은 그곳에 뿌리내린 사람들의, 오랜 시간 바다와 함께한 문화의, 세대를 넘어 이어져온 정서의 건강함에서 비롯된다는 것. 이 모든 것을 챙겨야 한다는 것이었다. 그렇게 '마음치유센터'(가칭)라는 또 하나의 꿈이 싹텄다. 그것은 도서민 건강돌봄센터의 쌍둥이로 태어났지만 그 시선은 더 멀리, 더 깊이 닿아 있었다. 사람의 마음뿐 아니라 노화도라는 섬 전체를 바라보는 눈이었다.

마음치유센터는 바위틈에서 피어난 들꽃부터, 갯벌에서 숨 쉬는 작은 생명들, 수백 년을 버텨온 노송까지 이 섬에 함께 살아가는 존재들과 그 곁을 지키는 사람들 모두에게 관심을 기울인다. 마치 오랫동안 침묵해온 섬의 목소리에 귀 기울이고, 이름 없이 살아온 섬의, 산의, 바다의 이름을 하나씩 다시 불러주는 작업과도 같다.

"우리 섬에 이런 곳이 생긴다고? 그럼 나도 뭐라도 할 수 있을까요?"

섬으로 시집을 온 젊은 엄마인 김세명(가명, 37세) 씨의 질문에는 설렘과 자긍심이 묻어났다. 그것은 단순한 호기심이 아니라 삶의 터전에 대한 애정과 자부심의 표현이었다. 그 마음이야말로 마음치유센터가 가장 키우고 싶은 씨앗이다. 섬사람들의 자부심이 자라날 때, 그 생명력은 자연스레 치유의 힘으로 이어질 것이기에.

아직 공간의 이름도, 그 내용도 모두 열려 있다. 마치 백지 위에 그림을 그리듯, 혹은 바다 위에 새로운 항로를 그리듯 그 모든 것은 이제부터 함께 만들어갈 이야기다. 한 가지 확실한 것은 이 과정이 단순한 건물 짓기가 아니라는 점이다. 그것은 섬사람들의 자부심(마음)과 생명력(치유)이 함께 차오르는 여정이 될 것이다.

이미 그 소문을 듣고 뜻을 함께하는 이들이 모여들기 시작했다. 세계적인 큐레이터, 아티스트, 건축가, 조경가들이 40여 년의 시간을 뛰어넘어 다시 이곳 노화도를 찾고 있다. 그들의 눈에는 이 섬이 어떤 모습으로 비칠까? 땅덩어리가 아니라 살아 숨 쉬는 이야기의 보고寶庫로 다가오지 않을까? 완도군과 대우재단이 함께 그리는 이 꿈은 바다가 육지를 품듯 크고 넓다. 그러나 그 시작은 파도가 해변에 남기는 작은 흔적처럼 소박할 것이다. 한 사람의 건강에서, 한 마을의 치유로, 더 나아가 섬 전체의 생명력으로 번져가는 작은 변화의 물결.

그렇게 노화도는 다시 한번, 섬이기에 가능한 또 하나의 이야기를 써 내려가기 시작했다.

섬으로부터
섬에게로

고독과 신비 사이

저녁 무렵, 노화도 선착장에 닿은 배에서 내리면 바다 내음과 함께 섬의 고요함이 온몸을 감싼다. 햇볕에 그을린 어부들의 거친 손길, 소금기 묻은 나무 난간, 멀리서 들려오는 갈매기 울음소리가 방문객을 맞이한다. 푸른 바다가 품은 이 섬의 이야기는 참 묘하다.

사람들은 섬을 두고 '외롭다'고 말하지만, 그 고립의 바다 건너에는 또 다른 세계가 숨 쉬고 있다. 밀물과 썰물 사이에서 섬은 자신만의 시간을 견디며 흘러왔다. 노화도와 세계의 수많은 섬은 각자의 방식으로 고립과 외로움을 품고 새로운 이야기를 써 내려가고 있다.

"섬이 뭐가 그리 좋다고, 배 타기도 힘든데."

"그래도 세상이 안 보이니까 좋지 않아? 조용하고."

"조용한 게 뭐가 좋아. 젊은 사람들 다 떠나가는데."

"바로 그게 문제지. 사람이 떠나면 섬은 죽어."

섬사람들의 대화 속에는 현실의 무게와 애정이 교차한다. 육지와 단절된 그 공간은 분명 접근성의 한계로 인구가 줄고, 경제가 침체되며, 필요한 서비스들이 하나둘 사라져왔다. 그러나 흥미롭게도, 세상 바깥으로부터의 이 고립이 오히려 새로운 희망의 씨앗이 되기도 했다.

노화도뿐 아니라 전 세계의 섬 중에서는 섬이 스스로 자신만의 색깔로 피어나는 사례는 많다. 이는 땅덩어리가 되살아난다는 물리적 의미를 넘어, 섬이 간직해온 고유한 가치가 새롭게 빛을 발하는 순간을 만드는 것이다.

바다와 섬은 언제나 인간의 마음을 설레게 했다. 때로는 두려움의 대상이었지만, 동시에 낙원에 대한 **꿈**과 새 삶에 대한 **희망**을 품고 있었다. 소설 속에서, 영화 속에서, 섬은 늘 미지의 세계이자 자아를 찾는 여정의 장소였다. 그만큼 신비로움을 품은 섬은 사람들의 마음속에 궁금증과 동경을 심어왔다. 산업화와 도시화로 잃어버린 것들,

공동체의 따스함, 느림의 여유, 자연과의 조화를 되찾으려는 시도들이 바로 이 작은 섬 안에서 아지랑이 피어나듯 피어나는 것이다.

노화를 닮은 이야기들

노화도가 새로운 변화를 꿈꾸는 지금, 우리는 비슷한 여정을 걸어온 세계의 섬들에게서 지혜를 빌릴 수 있다. 그곳에서 피어난 희망의 이야기들은 노화도에 거울이자 나침반이 될 수 있기 때문이다. 마치 오래된 친구들이 건네는 따뜻한 조언처럼, 이 섬들의 경험은 노화도의 미래에 소중한 길잡이가 될지도 모른다.

일본 세토내해의 작은 섬 나오시마를 걷다 보면, 쪽빛 바다를 배경으로 검은 점으로 박힌 노란 호박 조형물과 세월의 흔적과 새 숨결이 공존하는 풍경이 눈에 들어온다. 녹슨 철판 지붕의 오래된 집들 사이로 현대미술 작품들이 자리 잡은 모습은, 한때는 인구가 줄고 노인들만 남아 서서히 잊혀가던 이 섬이 어떻게 세계적인 예술의 섬으로 변모했는지를 말없이 보여준다.

"처음엔 미술관이 뭐가 필요하냐고 다들 반대했어요.

어르신들이 미술을 알아? 그런데 지금은요? 마을 할머니들이 클로드 모네Claude Monet, 제임스 터렐James Turrell 이런 이름을 술술 외워요."

나오시마의 한 주민이 들려준 이야기다. 안도 다다오安藤忠雄가 설계한 지중미술관에 들어서면 자연과 예술, 섬의 역사가 한데 어우러진 공간이 방문객을 맞이한다. 여기서는 섬 전체가 하나의 거대한 미술관이 되어 예술이 일상에 스며들고, 일상이 예술이 되는 경험을 선사한다. 아무도 모르고, 본토에서도 떨어져 있어 외롭기만 했던 섬이 문화를 품고 주민의 자부심이 되어준 셈이다.

후쿠타케 소이치로福武總一郞(일본의 대표 교육서비스 기업인 베네세 코퍼레이션의 창업자)는 '예술은 사람을 치유하고 지역을 치유한다'는 믿음으로 이 변화의 씨앗을 심었다. 그들은 화려한 건축물을 짓는 데 그치지 않고 오래된 민가를 개조한 '예술의 집' 프로젝트를 통해 마을 구석구석에 예술이라는 생명력을 불어넣었다.

"처음에는 이상한 사람들이 우리 집을 뭐하러 구경하나 싶었지. 지금은? 내 집이 유명한 예술품이 됐다니까."

여든이 넘은 한 할머니가 웃으며 말한 것처럼 섬사람들은 예술 작품의 제작과 관리, 방문객 안내 등에 직접 참여하며 주인공이 된 것이다. 사라져가던 마을은 이제 전 세계에서 몰려드는 예술 애호가들로 활기를 되찾았고, 섬의 고립성은 오히려 특별한 경험을 제공하는 가치로 새롭게 읽히게 되었다.

일본뿐 아니라 올란드제도(핀란드와 스웨덴 사이에 위치한 핀란드 자치령)의 이야기도 비슷한 결을 가지고 있다. 바다에 떠 있는 이 섬들은 지리적 한계를 넘어 문화적 자율성으로 빛나고 있다. 법적으로는 핀란드에 속하지만 스웨덴어를 쓰고, 자신들만의 문화를 간직한 올란드제도는 **다름**을 **독특함**으로 키워낸 경우다.

"우리는 작지만 우리답게 살아갑니다. 바다가 우리를 고립시키는 것이 아니라 우리의 정체성을 지켜주는 보호막이 되어준 거죠."

이 말처럼 고립과 독특함은 어쩌면 한 끗 차이일지도 모른다. 마치 구석에 있어 찾아가기가 너무 힘들어도 '맛집'이라고 소문이 나면 곳곳에 사람들이 몰리는 것처럼 외진 곳, 올란드문화예술센터에서는 전통공예 워크숍부터 현대음악 공연, 언어 교육까지 다양한 활동이 여전히 활발하게 이뤄지고 있다. 특히 어린이와 청소년을 위한 문화 교육에 쏟는 정성은 섬의 미래를 위한 씨앗을 심는 일이기라도 한 것처럼 지속적으로 진행되고 있다.

섬들의 향연

우리나라에도 섬의 숨결이 새롭게 피어나는 곳들이 있다. 경상남도 거제시의 '외도 보타니아'는 한때 황무지에 가까웠던 작은 섬이 어떻게 생명력 넘치는 공간으로 변모할 수 있는지를 보여준다.

"아내와 저는 그저 꽃과 나무를 좋아했을 뿐인데, 어느덧 이렇게 많은 사람이 찾아오네요."

40여 년간 한 부부가 일구어낸 이 정원은 단순한 관광지가 아니라, 인간과 자연의 조화로운 동행을 보여주는 살아 있는 예술 작품이다. 외도 보타니아를 거닐다 보면 식물 하나하나에 담긴 정성과 세월의 무게가 느껴진다.

서해의 작은 섬 신안군 증도는 '슬로시티'라는 이름으로 새로운 숨결을 얻었다. 한때 낙후된 어촌에 불과했던 이 섬은 2007년 아시아 최초의 슬로시티로 인증받은 후, 느림과 여유라는 가치를 중심으로 변화하기 시작했다.

"여기 소금밭에서 일한 지 60년이 넘었어. 예전엔 그저 힘든 일이었는데 이제는 우리 삶의 역사라고 하네."

천일염전을 테마로 한 소금박물관에서 만난 한 노인의 말이다. 증도의 변화는 외부의 대규모 개발이 아닌 지역의 색깔과 가치를 존중하는 섬세한 접근이 만들어낸 결과

물이다.

전라남도 신안군의 '퍼플섬'으로 알려진 반월도와 박지도의 변화도 마음을 울린다. 처음에는 치매 노인들의 길 찾기를 돕기 위해 시작된 보라색 칠하기 프로젝트가 이제는 섬의 상징적 문화가 되어 사람들을 끌어모으고 있다.

"처음엔 그냥 할 일이 없어서 집 페인트칠한다니까 따라 했지. 그런데 요즘은 사진 찍는다고 우리 집 앞에 사람들이 줄 서 있어."

한 주민의 웃음소리가 보라색 골목에 울려 퍼진다. 가장 특별한 것은 이 변화가 주민들의 자발적 참여로 이루어졌다는 것이다. 외부에서 주도한 개발사업이 아닌, 주민들이 스스로 자신들의 생활 환경을 더 아름답게 가꾸는 과정에서 섬의 새로운 가치가 싹튼 것이다.

노화의 마음

해 질 녘 노화도의 바닷가에 서면 수평선 너머로 붉게 물드는 하늘과 그 아래 일렁이는 파도 소리가 마음을 적신다. 이 섬의 저녁은 언제나 그렇게 찾아온다. 고요하게, 그러나 확실하게. 그 변함없는 일상 속에서도 섬은 천천히 변화를 맞이한다.

이러한 세계의 흐름 속에서 전라남도 완도군 노화도에 설립될 마음치유센터는 마치 오래된 나무에 피어나는 새싹과도 같다. 1980년 완도대우병원으로 시작해 2010년 행복나눔섬지역센터로 변모한 이 공간은 오랫동안 섬사람들의 웃음과 눈물, 탄생과 이별을 지켜보며 함께 숨 쉬어왔다.

"처음에는 그저 아픈 몸을 고치는 곳이었지. 열이 나면 달려가고, 배가 아프면 의지하던 곳이었어. 그런데 이제는 마음까지 어루만지는 곳이 된다니, 세상이 참 좋아졌네. 우리 섬이 천천히 변하는 걸 보는 것 같아 가슴이 뭉클하네."

저녁노을 아래 오래된 병원 건물을 바라보던 강형례(가명, 79세) 할머니의 눈가에는 주름이 깊게 패어 있었다. 노화도에 50년 넘게 살아온 이 어르신의 말씀에는 이 섬의 시간이 켜켜이 쌓여 있다. 몸의 아픔을 치유하던 공간이 이제는 마음치유센터로서 새로운 전환을 맞이한다. 이는 바람결에 실려 오는 바다 내음처럼, 이 공간이 단순한 의료서비스를 넘어 문화예술을 통한 마음의 치유와 공동체 재생의 장으로 확장된다는 것을 말해준다.

노화도의 역사를 들여다보면 이 섬은 낙후 지역이기만

한 것이 아니라 풍부한 문화적, 역사적 자산을 간직한 곳이다. 특히 완도 지역은 고려시대부터 청해진의 중심지로서 해양문화의 거점이었으며, 조선시대에는 유배지로서 독특한 문화적 층위를 형성해왔다.

"우리 섬에 조선시대에 유배 온 사람들 글이 아직도 바위에 새겨져 있어. 그 사람들도 처음엔 외롭다고 했을 텐데, 나중엔 이 섬의 아름다움에 반해 떠나기 싫어했대."

섬의 나이 지긋한 어부가 들려준 이야기다. 노화도 마음치유센터는 이러한 지역의 이야기와 역사를 바탕으로, 세계 각지의 성공적인 섬 문화 재생 사례들이 보여주는 교훈을 창의적으로 녹여낼 준비가 다 되어 있다.

노화작은마을학교, 섬사랑평생교육원 등 성공적으로 운영된 기존의 프로그램들이 보여주듯, 주민들의 필요와 특성에 맞춘 문화 활동에 이미 마음을 쏟고 있다. 게다가 이는 외부에서 오는 기획이 아닌 주민들이 스스로 기획하고 운영하는 방식이다.

"우리가 무슨 예술을 알았나. 그런데 노래도 부르고, 그림도 그리고 하다 보니 이제는 없으면 허전해. 일주일에 한 번 모이는 날이 기다려진다니까."

"아니 육지 사는 내 친구들도 크로마 하프를 모르데? 우리는 그걸로 공연도 하는데!"

문화 프로그램에 참여하는 주민의 말에서 변화의 씨앗이 이미 싹트고 있음을 느낄 수 있다.

'예술은 사람을 치유하고 지역을 치유한다'는 나오시마의 철학은 노화도 마음치유센터의 비전에도 깊은 울림을 준다. 창작, 생태치유, 명상, 공동체 활동이 어우러져 섬사람들의 육체적, 정신적 건강을 보듬는 동시에 문화적 활력을 불어넣을 수 있을 것이다.

마음치유센터는 기존의 행복나눔섬지역센터가 쌓아온 신뢰와 경험을 바탕으로 더 넓은 범위의 문화적, 사회적 가치를 창출할 수 있는 씨앗을 품고 있다. 완도대우병원 시절부터 이어온 의료서비스의 전통, 노화작은마을학교와 섬사랑평생교육원 등의 교육 프로그램을 통한 포용적 접근이 지역사회에 이미 깊은 뿌리를 내렸다고나 할까.

"병원이 문을 닫았을 때 많이 서운했지. 하지만 지금 생각해보면 그건 끝이 아니라 새로운 시작이었던 거 같기도 해."

지리적으로 외로운 섬이 문화의 힘으로 새로운 활력을 얻는 현상은 우연이 아니다. 디지털 세상이 발달할수록, 역설적으로 사람들은 진짜 장소와 진짜 만남에 더 목마름을 느낀다. 이런 시대에 섬의 고립성은 오히려 특별한 경험과 공동체적 가치를 만드는 기회가 된다. 코로나-19 팬

데믹 이후 건강과 웰빙well-being, 지속 가능한 삶에 대한 관심이 커지면서 자연과 가까운 삶, 느림의 여유, 공동체의 따스함을 품은 섬 지역이 새롭게 주목받는다. 특히 '마음치유'라는 키워드는 서로의 상처를 보듬는 이 시대에 깊은 울림을 전한다.

마음치유센터는 의료복지 시설을 넘어, 문화를 통한 섬 공동체의 재생과 새로운 가치를 만들기 위한 준비를 하고 있다. 이곳은 섬사람들의 삶의 질을 향상할 뿐 아니라, 고령화와 인구 감소라는 섬의 구조적 어려움에 대한 창의적인 대안으로서 섬을 살리고 섬의 가치를 높일 것이다. 주민들이 스스로 삶과 공간을 가꾸고 새로운 가치를 창출하는 과정에서 자연스럽게 외부인들이 관심을 가지고 방문하기까지에 이르는 선순환 구조. 그것이 바로 마음치유센터가 꿈꾸는 미래다.

세계 각지의 사례가 들려주는 이야기처럼, 성공적인 섬 문화 재생은 단기적인 관광 개발이나 일회성 프로젝트가 아닌 지역공동체와 함께 호흡하며 지속 가능한 변화를 이끌어내는 긴 호흡의 여정이다. 그리고 그 여정의 중심에는 언제나 **사람**이 있다. 섬사람들의 건강과 행복, 그들이 만들어내는 공동체의 힘이 변화의 원동력이 되는 것이다.

"우리가 떠나간 아이들에게 뭘 줄 수 있을까 고민했어. 그런데 생각해보니 우리가 가진 게 참 많더라고. 이 바다, 이 시간, 이 고요함…. 사실은 보물들이었어. 그리고 무엇보다 우리 서로가 서로에게 있다는 것. 그게 가장 큰 재산이지."

노화도에서 4남매를 키우며 30년 넘게 살아온 김문수(가명, 72세) 할아버지는 이제 섬에서 자식들을 키운 것이 미안하지 않다며 활짝 웃었다. 미안함이 자랑스러움이 되는 한 끗 다른 시도, 그게 노화를 노화답게 만드는 것이었다. 자연과 인간, 전통과 현대, 치유와 문화가 어우러지는 마음치유센터의 꿈은 단지 하나의 시설이나 프로그램인 것이 아니라 우리 모두가 찾아야 할 방향을 가리키는 등대가 된 것이다.

노화도의 밤하늘은 언제나 별들로 가득하다. 등대의 불빛이 바다를 비추고 어촌의 작은 불빛들이 하나둘 켜질 때, 섬은 또 다른 낮을 시작한다. 고립된 섬이라는 경계를 넘어, 문화와 창의성의 힘으로 새 가능성을 찾아가는 노화도의 여정은 이 섬만의 이야기가 아니다. 그것은 우리 모두의 내일을 위한 소중한 실험이자 함께 나누고 싶은 희망의 이야기다.

"섬이 외롭다고? 그건 모르는 사람들의 말이야. 우리는 그 외로움이 얼마나 특별한지 알거든. 바다는 우리를 가두는 게 아니라 세상과 이어주는 길이야. 파도 소리를 들어봐. 저 소리가 전해주는 이야기가 있어."

한 주민의 말에는 섬의 역사와 미래가 함께 담겨 있다. 때로는 고립된 곳에서 가장 깊은 연결이 피어날 수 있다. 세월의 흔적이 깃든 오래된 병원 건물 속에서, 마음치유센터는 주민들과 함께 그 연결의 씨앗을 심고 있다. 그 씨앗은 바다가 극복해야 할 장애물이 아니라 살아 숨 쉬는 이야기의 보고라는 걸 일깨운다. 또한 바다 너머엔 육지만 있는 것이 아니라 태평양을 품은 더 큰 바다와 섬들이 있다는 것을 우리에게 알려줄 것이다.

중요한 것은 건물이나 시설이 아니다. 그 안에 담긴 마음과 서로를 돌보는 **공동체**의 힘이다. 병원이 사라져도 치유는 계속된다. 오히려 더 근본적인, 더 전인적인 치유로 나아가는 길이 열릴 수 있다. 그것이 바로 노화도가 꿈꾸는 미래이자 이 오래된 섬이 세상에 들려주고 싶은 이야기다.

에필로그

시간의 지층 그 아래

다시 바람이 분다.

그 바람은 단지 계절을 옮기는 자연의 흐름만이 아니었다. 마음을 흔들고 희망의 씨앗을 날리는 바람이었다. 병원이 문을 닫고 사람들의 발걸음이 뜸해진 지 오래지만, 나는 여전히 기다린다. 한 사람이라도 더 내게 머물기를, 한 번이라도 더 누군가가 이곳에서 웃음 짓기를.

나는 알고 있다. 사람들이 떠난다고 해서 모든 것을 남겨두지는 않는다는 것을. 떠난 자들은 기억을 남긴다. 내 땅을 밟고, 내 바다를 건너며 지나온 사람들은 추억이라는 이름의 흔적을 남겼다. 그리고 나는 그 추억 속에서 조용히 자라고 있다. 추억은 곧 뿌리가 되고, 뿌리는 언젠가 다시 그들을 이곳으로 이끌어줄 것이다.

삶이란 떠나보내는 일의 연속이지만, 그 속에서도 새로운 시작은 항상 온다. 병원이 문을 닫은 뒤에도 사람들은 희망을 놓지 않았다. 땅을 일구고 씨를 뿌리며 자신들만의 방식을 찾아 살아갔다. 내 땅에 자라난 곡물처럼 그들의 노력은 작지만 강한 뿌리를 내렸다. 나는 그 모든 것을 품으며 조금 더 깊은 존재가 되어갔다.

어쩌면 나의 역할은 기다림 그 자체일지도 모른다. 먼 바다에서 누군가의 배가 내게 다가오기를, 새로운 발걸음이 내 흙을 딛길 기다리는 것. 하지만 이 기다림은 외로운 것이 아니다. 기다림은 내게 기대와 희망을 준다. 나는 이곳에서 행복을 기대한다. 사람들이 나를 떠올릴 때, 고독한 섬이 아니라 **따뜻한 기억**으로 남기를 바란다.

사람들이 내게 머물렀던 시간은 결코 헛되지 않았다. 병원이 문을 닫기 전에도, 문을 닫은 후에도, 이 섬에서의 삶은 많은 사람에게 중요한 순간을 만들어주었다. 사랑하는 이와의 마지막을 함께한 곳, 새로운 생명이 탄생한 곳, 희망과 절망이 교차하는 곳이었다. 그런 모든 순간이 쌓여 나를 '노화'로 만들었다.

그래서 나는 더 이상 외로움을 두려워하지 않는다. 외

로움은 내게 고독을 가르쳤고, 고독은 나를 단단하게 만들었다. 그리고 이제 나는 외로움을 넘어 행복을 기다리는 존재가 되었다. 누군가에게 더 좋은 의미로 남기를 바란다. 떠난 사람들의 기억 속에서, 머물고 있는 사람들의 마음속에서 나는 그저 따뜻한 섬으로 남고 싶다.

병원이 처음 문을 열었을 때, 내게도 새로운 세계가 열렸다. 아픈 이들이 치유되고, 새 생명이 태어나고, 마지막 숨을 거두는 모든 순간이 이곳에서 이루어졌다. 의사, 간호사, 환자, 보호자 모두 나의 일부가 되었다. 그들의 웃음과 눈물, 희로애락이 내 토양 깊숙이 스며들었다. 병원이 문을 닫았을 때, 많은 이가 슬퍼했지만 나는 알고 있었다. 끝은 언제나 **새로운 시작**을 품고 있다는 것을.

이제 나는 또 다른 모습으로 사람들을 맞이할 것이다. 나는 기대에 부푼다. 아마도 이곳은 지친 마음들이 쉬어 가는 곳이 될 것이다. 바쁜 세상에서 잠시 벗어나 자신을 돌아보고, 자연과 문화가 어우러진 공간에서 새로운 영감을 얻는 곳. 나만의 방식으로 사람들에게 위로와 치유를 선사하는 곳.

나는 이제 외딴 섬이 아니다. 누군가에게는 추억의 장소로, 또 다른 이에게는 새로운 발견의 공간으로, 또 누군가에게는 마음의 안식처로 존재한다. 내가 품은 모든 이야기, 내 바다가 들려주는 모든 속삭임이 마음치유센터를 통해 새로운 모양으로 피어나길 바란다.

바람은 때로 거칠게 불어와 내 나무들을 흔들고, 파도는 때로 거세게 일어 내 해안을 때린다. 하지만 그런 시간 속에서도 나는 조용히 견뎌내며 기다린다. 섬이란 그런 존재이니까. 기다림과 인내의 시간 속에서 더 단단해지고, 더 깊어지는 존재. 그리고 그 기다림의 끝에는 언제나 새로운 만남이 있다.

사계절이 오고 가며 내 얼굴을 바꾸어놓듯이, 시대의 변화도 내 모습을 조금씩 바꾸어놓는다. 하지만 내 본질, 내 영혼은 변하지 않는다. 나는 여전히 바다 한가운데 서 있는 노화도이며, 많은 이의 삶과 꿈이 교차하는 공간이다. 마음치유센터라는 새로운 옷을 입게 될 나의 모습이 기대된다. 아마도 그것은 더 많은 이에게 위로와 희망을 전하는 따뜻한 존재가 될 것이다.

다시 바람이 분다.

이번 바람은 더 멀리 갈 것이다. 내 억새밭을 스쳐 바다를 넘어, 이곳에서의 따뜻한 기억과 희망을 세상에 전할 것이다. 나는 그 바람 끝에서 또 한 번 새로운 시작을 기다린다. 이 땅에서, 이 바다에서, 이 노화에서.

마음이 다시 뛴다.

행복은 멀지 않은 곳에서 나를 기다리고 있다. 마음치유센터를 통해 내가 품은 모든 아름다움과 지혜가 더 많은 이에게 전해지기를. 그리고 그 과정에서 나 자신도 더 풍요롭고 의미 있는 존재로 성장하기를. 나는 오늘도 그 희망을 품고 바다의 품에 안긴 채 조용히 숨을 쉰다.

부록

대우재단 낙도오지 의료사업의 역사

김우중 회장의 나눔에서 '김우중 의료인상'까지

1. 김우중 회장의 출연과 대우재단의 설립

1978년, 대한민국 경제발전의 한 축을 담당했던 대우그룹의 김우중 회장은 자신의 사재를 출연하여 재단법인 대우재단을 설립했다. '소외계층을 지원하고 국가발전의 기초가 되는 분야를 육성한다'는 설립 목적 아래 대우재단은 보건의료사업, 사회복지사업, 학술사업, 문화예술사업, 교육지원사업 등 다양한 공익사업을 전개하기 시작했다. 당시 대우재단의 설립은 단순한 기업의 사회공헌 활동을 넘어선 의미를 지니고 있었다. 산업화가 급속도로 진행되던 1970년대 말 한국 사회는 도시와 농촌, 특히 낙도오지 지역 간의 격차가 극심했다. 특히 의료서비스의 격차는 생명과 직결되는 문제였다. 김우중 회장은 이러한 현실을 직시하고, 기업이 얻은 이익을 사회에 환원하는 차원에서 의료의 사각지대 해소를 최우선 과제로 삼았다.

2. 병원건립기획위원회의 구성과 활동

대우재단은 낙도오지 의료사업을 체계적으로 추진하기 위해 병원건립기획위원회를 구성했다. 이 위원회는 연세대학교 의과대학을 중심으로 의료 및 행정 전문가 등이 참여하였고, 단순히 병원만 짓는 것이 아닌 지역사회의 종합적인 발전을 궁극적인 목표로 설정하고 여러 방안을 모색했다. 위원회가 가장 먼저 시작한 것은 전국의 의료취약지역을 면밀히 조사하는 일이었다. 그 결과 전라남도 도서 지역인 신안, 완도, 진도와 전라북도 내륙 오지인 무주 등 네 개 지역을 의료지원이 가장 시급한 곳으로 선정했다. 이들 지역은 지리적 특성상 의료접근성이 극히 떨어졌고, 주민들은 간단한 진료를 받기 위해서도 수 시간 이동해야만 하는 공통점이 있었다.

위원회는 각 지역의 특성을 고려한 맞춤형 의료서비스 제공 방안을 수립했다. 진료만 하는 의원이 아닌, 수술과 입원이 가능한 2차 진료기관으로서의 병원 설립을 목표로 했으며, 의료사업과 함께 보건사업, 장학사업을 병행하여 지역사회의 종합적인 발전을 도모하고자 했다.

3. 네 개 병원의 설립과 운영

1) 신안대우병원(1979-2003): 1979년 3월, 대우재단이 설립한 첫 번째 병원인 신안대우병원이 문을 열었다. 전라남도 신안군 비금면에 위치한 이 병원은 2층 건물에 서른 개 병상을 갖춘 2차 진료기관이었다. 내과, 외과, 치과, 소아과, 산부인과 등 다섯 개 진료과를 운영하여, 그동안 의료혜택을 받지 못했던 도서 지역 주민들에게 종합적인 의료서비스를 제공했다. 신안대우병원의 개원은 지역사회에 큰 변화를 가져왔다. 임산부들이 안전하게 출산할 수 있게 되었고, 응급환자들도 즉시 치료를 받을 수 있게 되었다. 특히 수술이 가능한 시설을 갖춤으로써 그동안 육지로 나가야만 했던 중증 환자들도 지역 내에서 치료받을 수 있게 되었다.

2) 무주대우병원(1979-1999): 신안대우병원 개원과 같

은 달인 1979년 3월, 전라북도 무주군에도 대우병원이 개원했다. 산간벽지인 무주의 특성을 고려하여 스무 개 병상 규모로 운영된 이 병원은 내과, 외과, 소아과, 산부인과 진료를 제공했다. 무주대우병원은 겨울철 폭설로 인해 교통이 단절되는 지역 특성상 더욱 중요한 역할을 했다. 응급상황에서 타 지역으로의 이송이 불가능한 경우가 많았기 때문에, 지역 내에서 완결적인 의료서비스를 제공하는 것이 필수적이었다. 병원은 이러한 지역적 특성을 고려하여 응급의료체계를 강화하고, 초기부터 외과의를 원장으로 파견하는 등 의료진의 숙련도를 높이는 데 최선을 다했다.

3) 진도대우의원(1979-2001): 1979년 4월 개원한 진도대우의원은 네 개 병원 중 유일한 1차 의료기관이었다. 열 개 병상 규모로 운영되었지만 내과, 외과, 소아과, 산부인과 진료를 모두 제공하여 주민들의 기본적인 의료수요를 충족시켰다. 진도 지역의 특성상 대규모 병원보다는 접근성이 좋은 의원급 의료기관이 더 적합하다는 판단하에 1차 의료기관으로 운영되었다. 의원급임에도 불구하고 경증 환자들이 입원한 상태에서 치료를 받는 데 적합한 시설을 두루 갖추고 있었다.

4) 완도대우병원(1980-2010): 1980년 3월 개원한 완도

대우병원은 네 개 병원 중 가장 오래, 마지막까지 운영된 병원이었다. 완도 본도에서 31킬로미터 떨어진 노화도에 위치한 이 병원은 노화도, 보길도, 소안도 등 세 개 섬의 주민 약 2만 3000명을 대상으로 의료서비스를 제공했다. 2차 진료기관으로서 서른 개 병상를 갖춘 완도대우병원은 도서 지역의 특성상 해상의 기상 악화 시 육지로의 환자 이송이 불가능한 점을 고려하여, 자체적으로 대부분의 의료문제를 해결할 수 있는 최신 의료시설과 인력을 갖추었다. 응급수술과 입원 치료가 가능해 인근 해남군과 완도읍에서도 많은 환자가 찾아왔다.

4. 감사의 마음을 새긴, 신안 송덕비

대우재단의 낙도오지 의료사업이 지역사회에 미친 영향은 신안 지역에 세워진 송덕비를 통해 확인할 수 있다. 1994년 9월 10일, 신안군 비금면 주민들은 김우중 회장과 대우재단의 의료봉사에 대한 감사의 뜻을 담아 송덕비를 건립했다.

송덕비에는 "가난해도 비굴하지 않고 어려워도 좌절하지 않으나 가슴만은 늘 따뜻하고 소박한 외딴 바다 섬마을 사람들이 세운 이 송덕비에 우리는 세상의 그 어느 화려한 훈장이나 상금도 따라올 수 없는 훈훈한 인정을 담아두었다"라는 문구가 새겨져 있다. 이는 단순히 병원을 지어준 것에 대한 감사가 아니라, 소외된 지역 주민들의 삶의 질을 개선하고 인간다운 삶을 영위할 수 있도록 15년간 도와준 것에 대한 진심 어린 감사의 표현이었다. 특히 송덕비 건립에 주민들의 자발적인 참여가 있었다는 점이 주목할 만하다. 주민들은 십시일반으로 성금을 모아 송덕비 건립 비용을 마련했으며, 건립 과정에도 적극적으로 참여했다. 이는 대우재단의 의료사업이 단순한 시혜가 아닌 지역 주민들과 함께 만들어간 공동체 사업이었음을 보여준다.

5. 병원 폐원

1999년 무주대우병원을 시작으로 2001년 진도대우의원, 2003년 신안대우병원이 차례로 문을 닫았다. 완도대우병원은 2007년부터 한의원으로 전환 운영되다가, 2010년부터는 행복나눔섬지역센터로 변모했다. 이러한 폐원은 병원 운영의 종료만을 의미하는 것이 아니었다. 20여 년간의 헌신적인 의료서비스 제공으로 해당 지역의 의료인프라가 어느 정도 구축되었고, 교통의 발달로 의료접근성이 개선되었으며, 국가의 공공의료체계가 강화되면서 민간 차원의 의료지원 필요성이 상대적으로 감소했기 때문이었다. 특히 완도대우병원이 의료기관에서 지역의 커뮤니티센터로 전환된 것은 시대 변화에 따른 지역사회의 요구를 반영한 것이었다. 기본적인 의료서비스가 어느 정도 충족된 상황에서, 지역 주민들은 문화, 교육, 복지 등 삶의 질을 높이는 다양한 서비스를 필요로 했다. 대우재단은 이러한 변화를 적극적으로 수용하여 의료 중심에서 종합적인 지역사회 개발로 사업의 방향을 전환했다.

6. 김우중 의료인상의 제정과 새로운 시작

2021년, 대우재단은 '김우중 의료인상'을 제정했다. 이는 낙도오지 의료사업의 정신을 계승하고, 의료의 사각지대에서 묵묵히 인술을 펼치는 의료인들을 발굴하여 지원하기 위한 것이었다. 한국의 슈바이처Albert Schweitzer와 나이팅게일Florence Nightingale을 찾아 그들의 헌신을 기리고, 더 많은 의료인이 소외된 곳에서 봉사할 수 있도록 격려하는 것이 이 상의 목적이다.

김우중 의료인상은 단순히 과거를 기념하는 것이 아닌, 새로운 형태의 '의료나눔'을 실천하는 플랫폼이 되고 있다. 수상자들은 도서 및 산간 지역, 해외 오지 등에서 의료취약계층을 대상으로 활동하는 의료인들이다. 이들의 활동은 40여 년 전 대우재단이 시작한 낙도오지 의료사업의 정신을 현재에도 이어가고 있음을 보여준다.

특히 김우중 의료인상은 개인의 헌신뿐만 아니라 지속 가능한 의료모델을 만들어가는 의료인들을 주목한다. 의료서비스를 제공하는 것을 넘어, 지역사회와 함께 성장하고 주민들이 스스로 건강을 관리할 수 있는 역량을 키워주는 활동을 높이 평가한다. 이는 대우재단이 추구했던 '종합적인 지역사회 발전'의 정신과 일맥상통한다.

2025년 현재, 완도대우병원이 있던 자리는 도서민 건강돌봄센터로 새롭게 태어났다. 신체뿐 아니라 마음까지 살피는 종합건강센터로의 전환은 시대의 변화에 따라 진화하는 의료나눔의 새로운 모습을 보여준다. 예방의학, 정신건강, 웰빙 등 현대인들의 다양한 건강 수요를 충족시키는 공간으로 거듭나고 있다. 질병을 치료하는 것을 넘어, 주민들의 전인적인 건강과 행복을 추구하는 공간으로의 전환은 시대정신을 반영한 것이다.

완도군 노화도에서 진행되고 있는 변화는 여러 어려움에도 불구하고 중단없이 지역사회 개발을 이어온 대우재단에 대한 주민들의 두터운 신뢰, 새로운 민관협력 모델을 구상한 완도군 보건의료원의 적극적인 협력 위에서 한 걸음씩 나아가고 있다.

　대우재단 낙도오지 의료사업의 역사는 우리에게 중요한 교훈을 남긴다. 진정한 나눔은 일회성 이벤트가 아닌 지속적인 헌신이며, 수혜자의 입장에서 생각하는 것이고, 함께 성장하는 것이며, 시대의 변화에 유연하게 대응하는 것이다. 김우중 회장이 뿌린 나눔의 씨앗은 광대한 숲이 되어 한국 사회 곳곳에서 열매를 맺고 있다.

병원 시설과 주요 장면

완도대우병원(1980~2010, 전라남도 완도군 노화읍 이포리 156). 완도 본도에서 31킬로미터 떨어진 노화도에 위치한 서른 개 병상 규모의 2차 진료기관으로 노화도·보길도·소안도 주민 약 2만 3000명을 주요 진료 대상으로 했다.

신안대우병원(1979~2003, 전라남도 신안군 비금면 수대리 49). 목포에서 50킬로미터 떨어져 있는 신안군 비금도에 위치한 서른 개 병상 규모의 2차 진료기관으로 비금면·도초면 주민 약 2만 명을 주요 진료 대상으로 했다.

무주대우병원(1979~1999, 전라북도 무주군 설천면 두길리 995의 15). 소백산맥의 덕유산 기슭(나제통문)에 위치한 스무 개 병상 규모의 2차 진료기관으로 무주읍·설천면·무풍면 주민 약 2만 2000명을 주요 진료 대상으로 했다.

진도대우의원(1979~2001, 전라남도 진도군 조도면 창유리 428). 진도 본도의 남단 팽목에서 11킬로미터 떨어진 조도면 하조도에 위치한 열 개 병상 규모의 1차 진료기관으로 하조도·상조도·나배도 등 주민 약 1만 1000명을 주요 진료 대상으로 했다.

병원건립기획위원회 연구보고서,
《낙도 및 오지 의료사업》 표지(1978년)

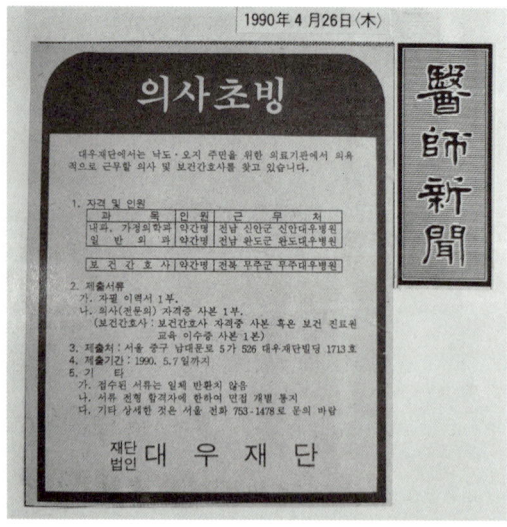

의사 초빙 광고(1990년)

완도대우병원 개원식(1980년)

작은 빗돌에 새겨진 섬마을의 송덕비(1994년)

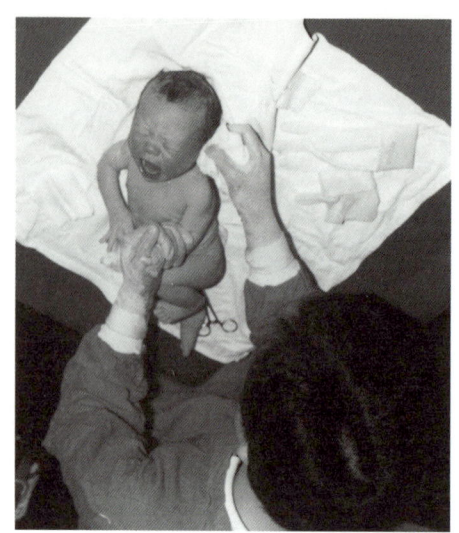

신생아 출산

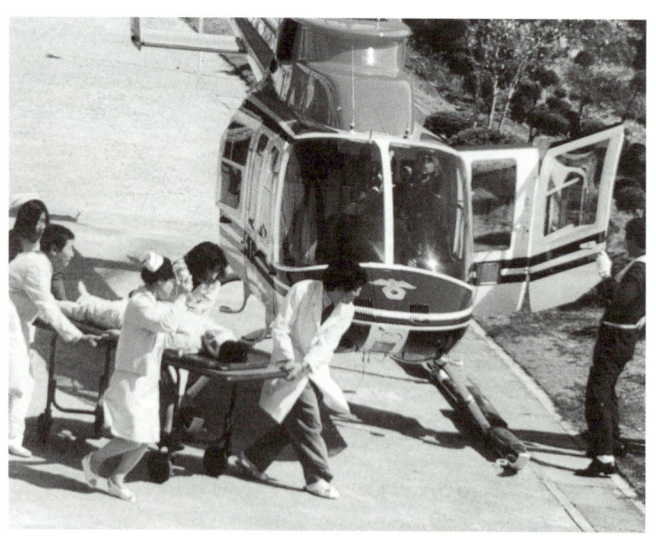

헬기 응급수송

이웃을 찾아가는 마을보건요원

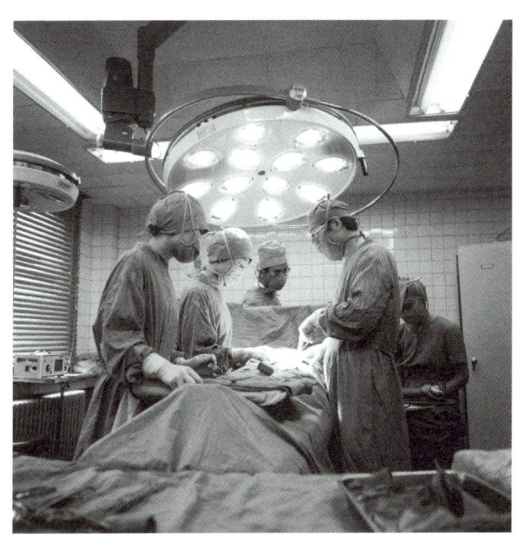

최첨단 의료장비와 수술실

사업 실적

연도	의료사업		보건사업	장학사업	총 사업비
	외래 (건, 명)*	입원 (명)	시범 마을 (개)	장학생 (명)	(천 원)
1979	28,477	4,231	11	110	1,722,283
1980	40,475	6,861	11	163	697,912
1981	50,707	6,325	23	179	571,928
1982	58,344	7,964	23	188	447,808
1983	51,487	6,648	28	192	417,583
1984	61,430	7,840	28	197	550,253
1985	66,754	7,639	28	175	798,643
1986	71,842	6,470	28	90	911,400
1987	82,628	8,252	28	98	1,300,000
1988	131,235	10,424	45	102	750,929
1989	200,982	13,336	51	98	1,464,463
1990	276,373	16,226	55	97	782,160
1991	285,714	14,540	55	93	1,233,267
1992	257,039	12,348	55	88	1,488,729
1993	252,680	10,979	56	80	1,642,491
1994	263,194	12,433	55	76	887,675
1995	67,050	11,315	55	70	843,604
1996	59,275	9,915	55	71	744,254
1997	50,041	5,425	55	66	887,147
1998	35,344	4,132	–	53	924,898
1999	37,721	4,976	–	9	1,330,407
2000	–	–	–	4	522,465
합계	2,428,792	188,279	56	2,299	20,920,299

* 1995년부터 외래진료실적 산정 기준이 건수에서 명수로 전환.

함께 한 사람들

병원건립기획위원회

위원장	김효규 대우재단 이사, 연세대학교 의무부총장, 아주대학교 총장
위원	김일순 연세대학교 의과대학 교수
	최삼섭 이화여자대학교 의과대학 교수
	안성규 한국보건개발연구원 보건사업부장
	유승흠 연세대학교 의과대학 교수

완도대우병원 원장

1980~1982	박성수, 산부인과(초대원장)
1982~1985	김현광
1984~1992	이한기, 가정의학과
1992~1993	곽병찬, 가정의학과
1992~1994	이원덕, 예방의학과
1994	김영수, 내과
1994~1995	선우영, 일반외과
1995~1998	박영배, 가정의학과
1998~2001	최해관, 일반외과
2001~2003	이상재, 가정의학과
2004	이충열

신안대우병원 원장

1978~1980	신호영, 산부인과(초대원장)
1978~1981	이원덕, 예방의학과
1980~1981	정우봉, 예방의학과
1982~1983	이우혁
1983~1984	이한기, 가정의학과
1984~1987	조동호, 일반외과
1987	정성영, 일반외과
1988~1990	이원덕, 예방의학과
1989~1992	곽병찬, 가정의학과
1992~1994	이한기, 가정의학과
1994	김동철, 일반외과
1994~1998	김대봉, 가정의학과
1999~2003	이충열

무주대우병원 원장

1978~1999	최해관, 일반외과(초대원장)
1978~1987	이병목, 예방의학과(의무원장)
1998~1999	박영배, 가정의학과

진도대우의원 원장

1978~1980	김규철, 예방의학과(초대원장)
1980~1983	이한기, 가정의학과
1986~1987	김종국, 일반외과

1987~1994 조동호, 일반외과
1994~1998 이한기, 가정의학과
1999~2001 박태훈

마을건강요원

1) 완도
노화읍: 김송미, 김송자, 김정례, 문정희, 박송자, 박수자, 최영자
보길면: 고순례, 김정이, 이미숙
소안면: 박정애, 이민자

2) 신안
비금면: 강순애, 강영숙, 고순임, 김길임, 김연자, 양정희, 오소심, 유점순, 유점자, 조동례, 최양자, 최정희
도초면: 고정숙, 권명금, 김경희, 김길엽, 김순영, 김정임, 손은심, 윤신희, 이경숙, 이숙자, 장화단, 최우금

3) 무주
설천면: 길영희, 김영자, 신현순, 오유순, 이형순, 장분임, 전을분, 정길순
무풍면: 이금자, 이순애, 이정수, 정필희, 하명선

4) 진도
조도면: 김영숙, 박목엽, 송화순(상조도), 강미순(나배도)

주요 연혁

1978	01. 故 김우중 대우그룹 회장 50억 원 출연, 낙도오지 의료사업 착수
	03. 보건사회부, 대우재단 설립 인가
	03. 병원건립기획위원회 설립(위원장 김효규)
	06. 병원건립기획위원회, 연구보고서 《낙도 및 오지 의료사업》 제출
1979	01. 병원건립지역 장학사업 시작(연간 110명)
	03. 신안대우병원, 무주대우병원 개원
	04. 진도대우의원 개원
1980	03. 완도대우병원 개원
1982	04. 병원별 자문위원회 구성
1989	04. 국무총리 표창 수훈('낙도오지사업', 제17회 보건의날)
	06. 낙도오지사업 10주년 기념 사례보고회 및 워크숍 개최
	12. 수산청장 감사패 수상(신안·완도·진도대우병(의)원, '낙도 어촌 보건향상 기여')
1990	04. 국민훈장 석류장 수훈(최해관 무주대우병원 원장, 제18회 보건의날)
1994	09. 신안군민 송덕비 건립
1999	01. 무주대우병원 폐원
	02. (사)인도주의실천의사협의회 위탁운영
2001	10. 진도대우의원 폐원
2003	01. 신안대우병원 폐원

2007	01.	완도대우한의원 개원
2008	11.	글로벌 보건의료사업 착수
2010	02.	낙도오지 의료사업 종료(1978~2010)
	02.	완도대우병원, 행복나눔섬지역센터로 전환
2021	12.	김우중 의료인상 제정 및 제1회 수상자 선정
2022	10.	정신건강 증진사업 시범운영(휴앤힐링, 2022~2024)
2025	01.	대우재단-완도군, 도서민 건강돌봄센터 개소

김우중 의료인상 역대 수상자

제1회(2021)

김우중 의료인상	오동찬 치과의, 국립소록도병원 의료부장
	정우남 가정의, 완도보건의료원 행복의원 원장
	박도순 간호사, 무주군 공진보건진료소 소장
	허은순 간호조무사, 경기도의료원 포천병원
의료봉사상	한국여자의사회
공로상	최해관 외과의, 전 무주대우병원 원장

제2회(2022)

김우중 의료인상	이효민 마취통증의학과의, 국경없는의사회
	이정옥 간호사, 신안군 반월도보건진료소 소장
의료봉사상	김해송 이비인후과의, 김해송이비인후과 원장
	송파구방이복지관 이웃사랑치과봉사회

특별상	대한한의약해외의료봉사단KOMSTA
	김상일 내과의, 에이치플러스 양지병원 원장
	이태석 외과의, 의정부을지대학교병원 외과교수겸 응급의료센터장
	연정화 간호사, 국민건강보험 일산병원 감염관리부 팀장
	꿈크는 아이병원
공로상	이상재 내과의, 전 완도대우병원 원장

제3회(2023)

김우중 의료인상	이규환 치과의, 분당서울대학교병원 교수
	정향자 간호사, 통영시 추봉보건진료소 소장
의료봉사상	정윤석 내과의, 아주대학교병원 내분비대사내과 교수
	이우석 안과의, 경상북도의사회 회장
	유명선 의료기사, 대한방사선사협회 방사선사
	대한여한의사회
	무주군보건의료원
공로상	곽병찬 가정의, 전 신안·완도대우병원 원장

제4회(2024)

김우중 의료인상	박국양 심장혈관흉부외과의, 가천대 길병원 교수
	김시찬 내과의, 베트남 KIMS Clinic & Health Care 원장

	김순이 간호사, 전북특별자치도 군산의료원 간호부장
의료봉사상	김우성 치과의, 장애인치과진료센터 더스마일치과의원 센터장
	최준 내과의, 거창적십자병원 원장
	김희성 간호사, 부산대학교병원 아미의료봉사단
	김형태 1급 응급구조사, 연세대학교 원주세브란스기독병원
	완도군 보건의료원
공로상	박영배 가정의, 전 완도·무주대우병원 원장

제5회(2025)

김우중 의료인상	위상양 내과의, 장수군보건의료원 원장
	최명석 심장혈관흉부외과의, 신안대우병원 원장
	전진동 산부인과의, 미즈메디병원 진료부장
의료봉사상	윤창균 안과의, 에티오피아 라스데스타 국공립병원(한국국제협력단KOICA 글로벌협력의사)
	박재용 치과의, 페리오치과의원 원장
	이형심 간호사, 진도군 광석보건진료소 소장
	대한여성치과의사회
공로상	박태훈 의사, 전 진도대우의원 원장(완도대우병원 부원장 겸)

이 책을 만드는 데 도움을 주신 분들

대우재단 및 대우병원

곽병찬, 김향임, 주돈진

공형철, 김자영, 김지영, 전진앙

노화도, 보길도, 소안도 주민

강상득, 김넙녀, 김영미, 김효연, 박복열, 박선자, 박선정, 박태현, 박효순, 원용자, 이두선, 전희숙, 조선아, 조선아, 그 외 인터뷰어와 함께 참어해주신 주민 여러분

대우가족(문헌자료, 1977~1994)

공병혜, 곽영구, 김경희, 김규철, 김인수, 김효규, 박인숙, 선우영, 신호영, 유승흠, 이병목, 이원덕, 장숙례, 장숙윤, 조진순, 조혜숙, 최해관, 한승원

멀리서 온 약속

1판 1쇄 찍음	2025년 12월 2일
1판 1쇄 펴냄	2025년 12월 9일
지은이	대우재단
펴낸이	김정호
책임편집	이형준
편집	유승재
구성	고영리
일러스트레이션	소소한일상
디자인	엄혜리, 박애영
마케팅	나영균, 박태준
경영기획	박정은
펴낸곳	북스코프
출판등록	2006년 11월 22일(제406-2006-000184호)
주소	10881 경기도 파주시 회동길 445-3 2층
전화	031-955-9504(편집) · 031-955-9514(주문)
팩스	031-955-9519
이메일	acanet@acanet.co.kr
홈페이지	www.acanet.co.kr
ISBN	978-89-97296-78-1 03300

북스코프는 아카넷의 대중 논픽션 및 교양물 전문 브랜드입니다.
아카넷은 다양한 목소리를 응원하는 창의적이고 활기찬 문화를 위해 저작권을 보호합니다. 이 책의 내용을 허락 없이 복제, 스캔, 배포하지 않고 저작권법을 지켜주시는 독자 여러분께 감사드립니다. 정식 출간본 구입은 저자와 출판사가 계속해서 좋은 책을 출간하는 데 도움이 됩니다.